Fremdkapitalfinanzierung von Unternehmen

Entwicklung der Anleihemärkte und Auswirkungen auf Unternehmen

Bibliografische Information der Deutschen Nationalbibliothek:

Die Deutsche Nationalbibliothek verzeichnet diese Publikation in der Deutschen Nationalbibliografie; detaillierte bibliografische Daten sind im Internet über http://dnb.d-nb.de abrufbar.

Impressum:

Copyright © Studylab 2019

Ein Imprint der Open Publishing GmbH, München

Druck und Bindung: Books on Demand GmbH, Norderstedt, Germany

Coverbild: Open Publishing GmbH | Freepik.com | Flaticon.com | ei8htz

Inhaltsverzeichnis

Abbildungsverzeichnis IV

Tabellenverzeichnis VI

Abkürzungsverzeichnis VII

1 Einführung 1
    1.1 Einleitung und Problemstellung 1
    1.2 Inhaltlicher Aufbau 1

2 Unternehmensfinanzierung und Finanzierungsarten 3
    2.1 Charakterisierung des Eigenkapitals 4
    2.2 Bedeutung der Eigenkapitalfinanzierung in Deutschland 5

3 Fremdkapitalfinanzierung 7
    3.1 Kategorisierung nach Kapitalherkunft 7
    3.2 Bedeutung der Fremdkapitalfinanzierung in Deutschland 8
    3.3 Unternehmensanleihen 10

4 Anleihemärkte 22
    4.1 Überblick 22
    4.2 Indizes 23
    4.3 Entwicklung der Anleihemärkte 29

5 Auswirkungen der Situation am Kapitalmarkt auf ausgewählte Unternehmen . 38
    5.1 Einführung: Zinsstrukturkurven 38
    5.2 Eigene Berechnung der Credit Spreads 44
    5.3 Szenario: Annahme einer Zinserhöhung 46

6 Schlussgedanke 58

Anhang: Schuldscheindarlehen 59

Literaturverzeichnis 62

Abbildungsverzeichnis

Abbildung 1, Möglichkeiten der Finanzierung 3

Abbildung 2, Eigenkapitalquoten deutscher Unternehmen 6

Abbildung 3, Verbindlichkeiten der Unternehmen nach Finanzierungsform Angaben für Unternehmen in Deutschland im Jahr 2014 in Prozent des BIP 9

Abbildung 4, Zahlungsströme einer Fixkuponanleihe 13

Abbildung 5, Ratings von Anleihen nichtfinanzieller Unternehmen (Sitz im Euroraum) 19

Abbildung 6, Grafische Darstellung der Zahlungsströme 20

Abbildung 7, Umlauf ausstehender Schuldverschreibungen inländischer Emittenten, Juli 2017 23

Abbildung 8, iBoxx Euro Non-Fin und iBoxx Euro Covered, Performancemessungen 25

Abbildung 9, iBoxx Euro Non-Fin und iBoxx Euro Covered, Asset Swap Spreads 26

Abbildung 10, Euro High Yield Index, Asset Swap Spread 27

Abbildung 11, iTraxx Europe und iTraxx Main in Basispunkten 29

Abbildung 12, iTraxx und Hauptrefinanzierungssatz EZB in % (Sekundärachse) 30

Abbildung 13, Umlauf und Umlaufrenditen inländischer Inhaberschuldverschreibungen von Unternehmen 31

Abbildung 14, Umlaufrendite inländischer Inhaberschuldverschreibungen 33

Abbildung 15, Entwicklung der Bankkredite und Unternehmensanleihen 34

Abbildung 16, Auswirkung des CSPP auf die Credit Spreads 37

Abbildung 17, Schematischer Verlauf einer Zinsstrukturkurve 39

Abbildung 18, Renditekurve Bund in Prozent, 1-10 Jahre 40

Abbildung 19, Ausstehende Anleihen mit der Renditeentwicklung (%) und Restlaufzeiten (Jahre) 43

Abbildung 20, Credit Spread-Verläufe 45

Abbildung 21, Historische Renditen für Bundeswertpapiere mit der Restlaufzeit 1 Jahr (Monatsendstände) 47

Abbildung 22, Hypothetische Renditekurve des Bundes 1-10 Jahre 48

Abbildung 23, Renditekurven der Unternehmen nach einer hypothetischen Zinserhöhung 50

Abbildung 24, Entwicklung der Nettoverschuldung 54

Abbildung 25, Entwicklung des Nettoverschuldungsgrades..55

Abbildung 26, Bruttoneuemissionsvolumina am Schuldscheinmarkt...61

Tabellenverzeichnis

Tabelle 1, Indexstände 2010 und 2017 35

Tabelle 2, Auswirkung einer Zinserhöhung auf die Credit Spreads (Beispiel) 51

Abkürzungsverzeichnis

BP	Basispunkte
CDS	Credit Default Swap
EZB	Europäische Zentralbank
KMU	kleine und mittlere Unternehmen
LIBOR	London Interbank Offered Rate
EURIBOR	Euro Interbank Offered Rate
MIF	Monetäre Finanzinstitute
SSD	Schuldscheindarlehen

ID
1 Einführung

1.1 Einleitung und Problemstellung

„Die größte Blase in der Geschichte der Menschheit" [1]

David Folkerts-Landau, Chefvolkswirt der Deutschen Bank

zur aktuellen Situation am Anleihenmarkt (07.12.2017)

Während die Öffentlichkeit über die Preisentwicklung von Aktien, Immobilien und anderen Vermögensgegenständen durch Medien stets gut informiert ist, scheint die Entwicklung der Fremdkapitalmärkte weit weniger im Fokus zu stehen. Dabei ist der Trend der Anleihemärkte in den letzten Jahren ebenfalls stark geprägt durch die Schuldenkrise und die Politik der Europäischen Zentralbank. Nicht nur Staaten machen sich diese Möglichkeit der Finanzierung zunutze, sondern auch immer mehr Unternehmen. In Deutschland, wo der Bankkredit immer noch an Platz eins der Finanzierungsmöglichkeiten steht, steigt die kapitalmarktbasierte Fremdkapitalfinanzierung seit 2008 jedoch kontinuierlich an.[2]

Diese Arbeit soll das Themengebiet der Unternehmensfinanzierung mittels Anleihen erschließen und verständlich darstellen. Dabei wird vor allem auf die heutigen Finanzierungsbedingungen aus Sicht der Unternehmen eigegangen. Es soll geklärt werden, wie sich die aktuelle Geldpolitik der Europäischen Zentralbank (EZB) an den Anleihemärkten bemerkbar macht. Dadurch wird die Frage aufgeworfen, wie sich die Bedingungen am Fremdkapitalmarkt für Unternehmen verändern würden, wenn die Zinsen wieder ansteigen. Anhand eigener Berechnungen wurde ein Szenario für die Auswirkungen eines Zinsanstieges auf ausgewählte Unternehmen erstellt. Es wird versucht darzustellen, welche Problematiken durch einen Zinsanstieg auf Unternehmen zukäme und wie diese darauf reagieren könnten.

1.2 Inhaltlicher Aufbau

Das Kapitel 2 geht in knapper Form auf die Finanzierung mit Eigenkapital ein. Dies dient dem grundlegenden Verständnis und stellt zudem eine Abgrenzung zur Fremdkapitalfinanzierung dar. Da der Fokus dieser Arbeit auf der Finanzierung mit

---

[1] *Fehr, M.*, EZB-Anleihekäufe: "Die größte Blase in der Geschichte der Menschheit", 2017
[2] Vgl. *Sachverständigenrat*, Jahresgutachten 2015/2016 Risiken durch Niedrigzinsen, Chancen durch die Kapitalmarktunion, 2016, S. 207-208

Fremdkapital liegt, wird auf die Vorstellung mezzaniner Finanzierungsformen verzichtet.

Das Kapitel 3 beschäftigt sich daraufhin ausschließlich mit der Fremdkapitalfinanzierung. Der Schwerpunkt liegt auf dem Abschnitt 3.4, in dem die kapitalmarktorientierte Unternehmensfinanzierung mit Hilfe von Unternehmensanleihen vorgestellt wird. Inhalt sind die grundsätzlichen Eigenschaften und Merkmale von Unternehmensanleihen, die notwendig zum Verständnis der darauffolgenden Kapitel sind.

Ein Einblick in die Fremdkapitalfinanzierung mit Schuldscheinen ist wegen der Nähe des Finanzierungsvehikels zu Unternehmensanleihen relevant, jedoch nicht weiter zielführend für diese Arbeit. Aufgrund dessen befindet sich eine Einführung zu diesem Thema im Anhang.

Danach steht in Kapitel 4 die Entwicklung der Anleihemärkte im Vordergrund. Einleitend werden zuerst die in dieser Arbeit zum Einsatz kommenden Anleihe- und Credit Default Swap-Indizes erklärt. Anschließend wird auf die Entwicklung der Anleihemärkte von der Einführung des Euro bis 2017 genauer eingegangen. Vor allem in den letzten Jahren stehen dabei die Zinspolitik und das Anleihekaufprogramm der Europäischen Zentralbank im Mittelpunkt, welche die Anleihemärkte und somit auch die Finanzierungsbedingungen für Unternehmen mit beeinflusst haben.

Aus diesen Gegebenheiten wird in Kapitel 5 versucht, die Auswirkungen für drei ausgewählte Unternehmen derselben Branche herauszuarbeiten. Alle drei Unternehmen sind am Fremdkapitalmarkt aktiv. Zur quantitativen Erfassung werden dafür hypothetische Renditekurven errechnet, um die Bedingungen für die drei Unternehmen annähernd abzubilden.

Der zweite Teil des Kapitels beschäftigt sich mit einer hypothetischen Zinserhöhung. Ziel dieser Annahme ist es, herauszufinden, wie sich höhere Zinsen auf die Renditekurven und somit auf die Finanzierungsbedingungen der drei Unternehmen auswirken könnten. Quantifizierbare Effekte werden so auf diese Weise so exakt wie möglich abgebildet. Veränderungen, die nicht berechnet werden können, werden in Abschnitt 5.3.3 aufgeführt und diskutiert. Ziel dieses Abschnitts ist es, einen Eindruck zu vermitteln, wie sich die Finanzierungsbedingungen am Beispiel der drei Unternehmen bei einem höheren Zinsniveau verändern könnten. Das Kapitel schließt mit einer Zusammenfassung und persönlichen Empfehlungen des Autors für eventuelle Anschlussfinanzierungen im neuen Zinsumfeld ab.

2 Unternehmensfinanzierung und Finanzierungsarten

Der Finanzbereich eines Unternehmens wird in die Bereiche Investition und Finanzierung aufgeteilt. Unter Investition versteht man die Verwendung finanzieller Mittel. Die Finanzierung beschäftigt sich mit der Bereitstellung finanzieller Mittel, die für Investitionen benötigt werden. Somit sind die beiden Begriffe zwangsläufig untrennbar miteinander verbunden.[3] Der Begriff Finanzierung kann wie folgt definiert werden:

„Maßnahmen der Mittelbeschaffung und -rückzahlung und damit der Gestaltung der Zahlungs-, Informations-, Kontroll- und Sicherungsbeziehungen zwischen Unternehmen und Kapitalgebern."[4]

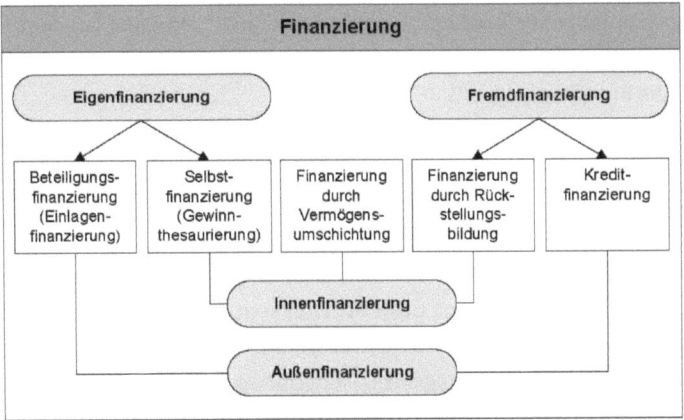

Abbildung 1, Möglichkeiten der Finanzierung
Quelle: Wöhe, G./Döring, U./ Brösel, G., 2016, S. 469

Neben der Unterscheidung zwischen Innen- und Außenfinanzierung, die nach Herkunft der finanziellen Mittel (aus dem Unternehmen oder von außen ins Unternehmen) differenziert, wird außerdem zwischen Eigenkapitalfinanzierung und Fremdkapitalfinanzierung unterschieden (Abbildung 1).[5] Der Vollständigkeit halber wird hier erwähnt, dass es auch mezzanine Finanzierungsmöglichkeiten gibt, die eine Mischform darstellen. Auf diese wird jedoch nicht weiter eingegangen.

---

[3] Vgl. *Wöhe, G./Döring, U./Brösel, G.*, Einführung in die Allgemeine Betriebswirtschaftslehre, 2016, S. 466
[4] *Breuer, W.*, Finanzierung
[5] Vgl. *Thommen, J.-P.* u. a., Allgemeine Betriebswirtschaftslehre, 2017, S.551-554

In den zwei folgenden Abschnitten wird die Finanzierung mit Eigenkapital kurz vorgestellt und erklärt. Der Fokus liegt jedoch auf der Fremdkapitalfinanzierung in Form der Außenfinanzierung die in Kapitel 3 ausführlich behandelt wird. Der Schwerpunkt liegt dabei auf der Finanzierung durch die Ausgabe von Unternehmensanleihen, die in Abbildung 1 als Art der Kreditfinanzierung dargestellt wird.

2.1 Charakterisierung des Eigenkapitals

Die Differenzierung zwischen Eigen- und Fremdkapitalfinanzierung orientiert sich an den rechtlichen Ansprüchen der Eigen- oder Fremdkapitalgeber. In aller Regel steht Eigenkapital einem Unternehmen auf unbegrenzte Zeit zur Verfügung.[6]

Generell gilt: „Das Eigenkapital einer Unternehmung erhöht sich immer dann, wenn Eigenkapitalgeber ihre Kapitaleinlagen erhöhen oder wenn Gewinne thesauriert werden. Verluste hingegen sowie Entnahmen bzw. Gewinnausschüttungen reduzieren die Eigenkapitalposition".[7]

Eine Unternehmung kann demnach durch folgende Möglichkeiten zu Eigenkapital gelangen:

Einlagen- oder Beteiligungsfinanzierung

Hierbei handelt es sich um Außenfinanzierung mit Eigenkapital. Dabei können die Eigenkapitalgeber alte oder neue Gesellschafter sein. Durch die Bereitstellung von Eigenkapital werden die Geldgeber Anteilseigner der Unternehmung. Das bekannteste Beispiel dieser Finanzierungsform ist der Erwerb von Aktien durch einen Investor. Er stellt der Unternehmung Eigenkapital zur Verfügung und erhält im Gegenzug einen Anteil an der Unternehmung. Je nach Rechtsform ist es leichter oder schwerer, Anteile zu erwerben. Bei nicht börsennotierten Unternehmen ist der Aufwand erheblich größer und es existiert nicht immer ein „fairer" Marktpreis.[8]

Selbstfinanzierung durch thesaurierte Gewinne

Durch erwirtschaftete Jahresüberschüsse der aktuellen Periode oder dem einbehaltenen Gewinn der letzten Perioden, abzüglich Einstellungen in

---

[6] Vgl. *Thommen, J.-P.* u. a., Allgemeine Betriebswirtschaftslehre, 2017, S.551-554
[7] *Bösch, M.*, Finanzwirtschaft, 2016, S.98
[8] Vgl. *Zantow, R.*, Finanzierung, 2006, S. 37-38

Gewinnrücklagen und Ausschüttung erwirtschaftet das Unternehmen Eigenkapital „von innen heraus."[9]

Eigenkapitalgeber haben im Insolvenz- oder Liquidationsfall einen nachrangigen Zahlungsanspruch verglichen mit den Fremdkapitalgebern. Der Eigenkapitalgeber „haftet" mit seinem eingebrachten Kapital. Dafür besteht für Eigenkapitalgeber in der Regel je nach Rechtsform eine Verknüpfung mit den Geschäftsführungsbefugnissen sowie die Ausstattung mit Stimmrechten. Es besteht bei Eigenkapitalgebern i.d.R. ein Gleichlauf zwischen dem Finanzierungsbeitrag und dem Erfolgsanspruch. Bei Fremdkapitalgebern ist dieser Zahlungsanspruch vorrangig, jedoch begrenzt. Auch in der Ausgestaltung der Kontrollrechte über die Geschäftsführung sind Eigenkapitalgeber anders gestellt als Fremdkapitalgeber, bei denen die Kontrollrechte abhängig von den abgeschlossenen Kreditverträgen und von der wirtschaftlichen Lage des Unternehmens sind. Eigenkapitalgeber haben häufig keine Kündigungsrechte. Jedoch sind auch hier Ausnahmen möglich, z.B. beim Austritt aus einer Unternehmung oder beim Verkauf von Aktien (Rückgaberecht). Dagegen sind die Kündigungsrechte beim Fremdkapitalgeber von Anfang an vertraglich klar definiert und verändern sich gegebenenfalls nur bei einer Verschlechterung der Vermögens- oder Ertragslage des Unternehmens.[10]

2.2 Bedeutung der Eigenkapitalfinanzierung in Deutschland

In den letzten 20 Jahren ist in Deutschland ein durchgehender Trend zu einer größeren Eigenkapitalbasis in allen Branchen und Größenklassen zu erkennen. Die Grafik des Instituts der Deutschen Wirtschaft Köln (Abbildung 2) zeigt vor allem bei den kleinen und mittleren Unternehmen (KMU[11]) einen deutlichen Anstieg des Eigenkapitals von 7,3% auf 24%. Damit liegen sie zwar immer noch unter dem Eigenkapitalwert deutscher Großunternehmen (29,8%), haben jedoch in den letzten 20 Jahren deutlich aufgeholt. Der Aufbau von einer größeren Eigenkapitalbasis kommt nicht überraschend, schließlich konnten viele Unternehmen den langen

---

[9] Vgl. *Drukarczyk, J./Lobe, S.*, Finanzierung, 2015, S. 30-31
[10] Vgl. *Drukarczyk, J./Lobe, S.*, Finanzierung, 2015, S. 30-31
[11] KMU: Unternehmen mit einem jährlichen Umsatz von unter 50 Millionen Euro Großunternehmen: Unternehmen mit einem Umsatz von mehr als 50 Millionen Euro

wirtschaftlichen Aufschwung nutzen, um erwirtschaftete Gewinne zu thesaurieren.[12]

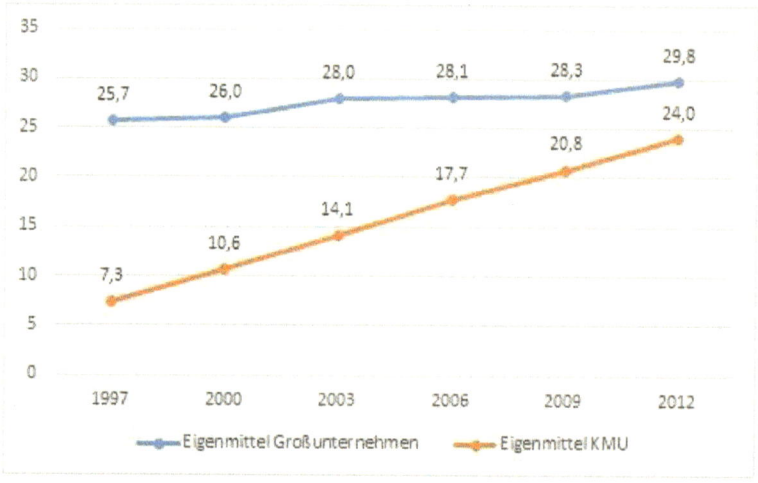

Abbildung 2, Eigenkapitalquoten deutscher Unternehmen
Quellen: Eigene Darstellung in Anlehnung an: Deutsche Bundesbank 2015, Bendel, D./Demary, M./Voigtländer, M.; S.41

---

[12] Vgl. *Bendel, D./Demary, M./Voigtländer, M.*, Entwicklung der Unternehmensfinanzierung in Deutschland, 2016, S 40,41, 51

3 Fremdkapitalfinanzierung

Genau wie bei der Eigenkapitalfinanzierung kann auch bei der Fremdkapitalfinanzierung zwischen der Mittelherkunft, also Innen- und Außenfinanzierung unterschieden werden. Demnach handelt es sich um Fremdkapitalfinanzierung im Rahmen der Außenfinanzierung, wenn dem Unternehmen flüssige Mittel durch Gläubiger zugeführt werden. Anders als beim Eigenkapital erwirbt der Gläubiger jedoch kein Eigentum am Unternehmen, sondern ist mit diesem über einen festgelegten Zeitraum schuldrechtlich verbunden. Der Fremdkapitalgeber hat einen Anspruch auf die Zahlung von Zinsen und die Rückzahlung des Kapitals zum vereinbarten Zeitpunkt, jedoch kein Recht auf Kontroll-, Mitsprache- und Entscheidungsrechte. [13]

Die Fremdkapitalfinanzierung im Rahmen der Innenfinanzierung erfolgt durch die Bildung von Rückstellungen, die noch nicht ausgezahlt worden sind. Hier stellt ein Unternehmen Geld z.B. für die Altersversorgung ehemaliger Mitarbeiter (Pensionsrückstellungen) zurück. Da es sich dabei um eine vertragliche Verpflichtung handelt, sind die Beträge dem Fremdkapital zuzurechnen. In der Zeit zwischen der Rückstellungsbildung und der tatsächlichen Auszahlung der Geldbeträge entsteht ein Finanzierungseffekt. Die Finanzierung aus Rückstellungswerten spielt in dieser Arbeit keine tragende Rolle und wird deshalb nur kurz erwähnt.[14]

3.1 Kategorisierung nach Kapitalherkunft

Für eine möglichst genaue Aufschlüsselung der verschiedenen Arten von Fremdkapital ist es sinnvoll, eine Kategorisierung des Fremdkapitals nach der jeweiligen Kapitalherkunft vorzunehmen. Auf der ersten Ebene wird dabei unterschieden, ob die flüssigen Mittel von

1. Kapitalgebern kommen, die mit dem Leistungsprozess des Unternehmens verbunden sind, oder
2. von Finanzkreditgebern, die mit dem internen Leistungsprozess nichts zu tun haben.[15]

---

[13] Vgl. *Thommen, J.-P. u. a.*, Allgemeine Betriebswirtschaftslehre, 2017, S. 613
[14] Vgl. *Thommen, J.-P. u. a.*, Allgemeine Betriebswirtschaftslehre, 2017, S. 606-607; *Wöhe, G. u. a.*, Grundzüge der Unternehmensfinanzierung, 2013, S. 447
[15] Vgl. *Wöhe, G. u. a.*, Grundzüge der Unternehmensfinanzierung, 2013, S. 218

Unter Punkt 1 versteht man vor allem die Gewährung von Lieferanten- und Kundenkrediten. Bei Lieferung von Rohwaren an das Unternehmen oder bei dem Verkauf von Fertigprodukten an den Kunden entsteht eine Kreditbeziehung zwischen dem Unternehmen und dem Lieferanten/Kunden. Werden die Rechnungen nicht sofort beglichen, sondern existiert ein Zahlungsziel, handelt es sich um eine zeitlich begrenzte Form der Fremdkapitalfinanzierung.[16]

Fremdkapital von Finanzkreditgebern lässt sich grob in die drei Kategorien Bankensektor, Nichtbankensektor und Öffentliche Hand unterteilen. Der Bankensektor stellt den Unternehmen Kredite zur Verfügung, die als Fremdkapital bilanziert werden. Es existieren unterschiedlichste Arten von Bankkrediten mit unterschiedlichen Ausprägungen.[17] Da der Schwerpunkt dieser Arbeit nicht auf dem Bankensektor liegt, wird auf Bankkredite nicht näher eingegangen.

Die Finanzierung über den Nichtbankensektor erfolgt meistens über den Kapitalmarkt oder mit kapitalmarktähnlichen Produkten. Bei einem längerfristigen Finanzierungshorizont kommen vor allem Unternehmensanleihen und Schuldscheindarlehen die beide in dieser Arbeit vorgestellt werden (letztere im Anhang) in Frage.[18]

3.2 Bedeutung der Fremdkapitalfinanzierung in Deutschland

Verglichen mit den USA, wo die Kapitalmarktfinanzierung eine tragende Rolle spielt, gilt Deutschland als traditionell bankenfinanziert. In Abbildung 3 ist das Verhältnis zwischen Krediten und emittierten Unternehmensanleihen deutlich zu erkennen. Trotz der insgesamt hohen Beliebtheit ist die Entwicklung im Kreditsektor von 1999 bis 2014 jedoch insgesamt leicht rückläufig. Der Anteil von kurzfristigen Krediten fiel in dieser Zeit von 19,8% auf 15,8%. Bei den längerfristigen Krediten war der Rückgang von 34,9% im Jahr 1999 auf 31,9% im Jahr 2014 etwas schwächer. Langfristige Fremdkapitalaufnahme macht in Deutschland einen weitaus größeren Teil aus als kurzfristige. Mitverantwortlich für die leichten Rückgänge

---

[16] Vgl. *Wöhe, G. u. a.*, Grundzüge der Unternehmensfinanzierung, 2013, S. 352
[17] Vgl. *Wöhe, G. u. a.*, Grundzüge der Unternehmensfinanzierung, 2013 S. 218
[18] Vgl. *Perridon, L./Rathgeber, A. W./Steiner, M.*, Finanzwirtschaft der Unternehmung, 2017, S. 460-461

könnten unter anderem die strengeren Kredit- und Eigenkapitalvorschriften der Banken sein.[19]

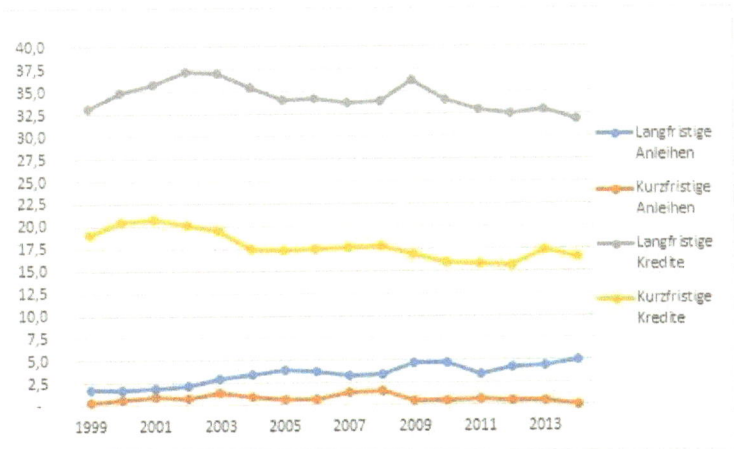

Abbildung 3, Verbindlichkeiten der Unternehmen nach Finanzierungsform Angaben für Unternehmen in Deutschland im Jahr 2014 in Prozent des BIP
Quellen: Eigene Darstellung in Anlehnung an: EZB, Bendel, D./Demaray, M./Voigtländer, M.; S.44

Dagegen spielen kurzfristige Anleihen hierzulande eine untergeordnete Rolle. 2015 lag deren Anteil am BIP bei 0,1%, ganz im Gegensatz zu den längerfristigen Unternehmensanleihen. Dort stieg der Anteil von 1,8% im Jahr 1999 auf 5,1% Prozent des BIP im Jahr 2014.[20] Für kleine Unternehmen sind Anleihen kein Ersatz für eine Finanzierung über Bankkredite, da die Hausbank aufgrund oft längerfristiger Beziehungen passende Kreditkonditionen bieten kann.[21] Finanzinvestoren dagegen verlangen bei kleineren Unternehmen hohe Risikoaufschläge, selbst wenn diese mit einem Produkt Weltmarktführer sind. Außerdem entstehen bei Finanzierung über den Kapitalmarkt hohe Fixkosten für Dokumentations-, Prospekterstellung- und Compliance-Verpflichtungen. Aus Sicht der Mittelverwendung werden

---

[19] Vgl. *Bendel, D./Demary, M./Voigtländer, M.*, Entwicklung der Unternehmensfinanzierung in Deutschland, 2016, S. 43-45
[20] Vgl. *Bendel, D./Demary, M./Voigtländer, M.*, Entwicklung der Unternehmensfinanzierung in Deutschland, 2016, S. 43-45
[21] Vgl. *Petersen, M. A./Rajan, R. G.*, The Effect of Credit Market Competition on Lending Relationships, 1994

Anleihen, Schuldverschreibungen und langfristige Kredite vor allem zur Kapazitätserweiterung sowie für Forschung und Entwicklung verwendet. Für die Sicherstellung der Liquidität und Bewältigung von Auftragsspitzen dienen vor allem die kurzfristigen Kredite.[22]

Zusammengefasst stehen Banken vor allem bei langfristiger Finanzierung in Deutschland unangefochten auf Rang eins. Die Finanzierung über Anleihen nimmt dabei lange nicht den gleichen Stellenwert ein. Dies kann zum Teil auch daran liegen, dass deutsche Unternehmen immer mehr Schuldscheine emittieren, die rechtlich als Kredite klassifiziert werden.[23]

Nach einem ersten Einblick in das Thema Fremdkapital folgt eine weitere Vertiefung zur Fremdfinanzierung mit Unternehmensanleihen. Da eine Vorstellung von Schuldscheindarlehen (SSD) für diese Arbeit nicht weiter zielführend ist, wird auf dieses Finazierungsvehikel im Anhang eingegangen. Ziel des Abschnitts 3.3 ist, grundlegendes Wissen über Unternehmensanleihen zu vermitteln, um in Kapitel 4 die Entwicklung der Anleihemärkte verständlich darlegen zu können.

3.3 Unternehmensanleihen

Bei Bedarf an hohen Kapitalbeträgen lohnt sich für größere Unternehmen häufig der Gang an den Kapitalmarkt. Im Gegensatz zur Eigenfinanzierung über die Ausgabe von Aktien ist die Aufnahme von Fremdkapital zu verzinsen und nach Ende der Laufzeit zu tilgen. Während Eigenkapitalgeber Dividendenzahlungen erwarten, die aus dem Gewinn aufzubringen sind, sind die fälligen Zinszahlungen bei Fremdkapitalfinanzierung als betrieblicher Aufwand zu buchen.[24]

Bei der Finanzierung mit Unternehmensanleihen schließen sich mehrere Geldgeber zusammen, um einem Geldnehmer für eine festgelegte Zeit Kapital bereitzustellen. Bei einer längerfristigen, festverzinslichen und börsenfähigen Schuldverschreibung spricht man von einer Anleihe (auch: Obligation, Industrieobligation, Bond oder Unternehmensanleihe).[25] Da eine Anleihe aber im Gegensatz zu einem

---

[22] Vgl. *Bendel, D./Demary, M./Voigtländer, M.*, Entwicklung der Unternehmensfinanzierung in Deutschland, 2016, S. 46
[23] Vgl. *Bendel, D./Demary, M./Voigtländer, M.*, Entwicklung der Unternehmensfinanzierung in Deutschland, 2016, S. 50-51
[24] Vgl. *Rühlmann, B.*, Anleiheemission aus Sicht der Investmentbank, 2008, S. 418
[25] Vgl. *Drukarczyk, J./Lobe, S.*, Finanzierung, 2015, S. 246

Schuldscheindarlehen ein Wertpapier ist, bringt sie einen entscheidenden Vorteil mit sich: Der Gläubiger oder auch der Halter des Papieres kann seine Forderung an einen Dritten verkaufen und das ohne die Zustimmung des Schuldners. Der Käufer der Anleihe ist dann der neue Gläubiger mit dem Recht auf die Zahlung des Kupons und des Nennbetrages bei Fälligkeit der Anleihe.[26]

3.3.1 Allgemeine Merkmale von Anleihen

Im Nachfolgenden werden die wichtigsten Merkmale einer Anleihe erläutert: Eine Anleihe wird einem **Emittenten** zugerechnet, der dem Gläubiger Zins und Tilgung zahlt. Auf Basis des **Nominalwerts/Nennbetrags** werden die Zinszahlungen berechnet. Der Nennbetrag ist jedoch nicht zu verwechseln mit dem Emissionskurs und dem Rückzahlungskurs einer Anleihe. Um den Handel zu erleichtern, wird der Gesamtbetrag in **Teilschuldverschreibungen** aufgeteilt (z.B. 100 Euro oder 1 000 Euro). Anleihen können zu einem Nominalwert von 100 (Par-Bond), unter 100 (Discount-Bond) oder über 100 (Premium-Bond) begeben werden. Die Höhe des **Kupons** ist die Höhe der Zinszahlung, die der Investor für sein geliehenes Geld erhält. In seiner einfachsten Ausprägung ist der Kupon fix festgelegt, weswegen diese Anleihen auch als festverzinsliche Wertpapiere bezeichnet werden. Der Zinssatz der Anleihe ist ein Prozentsatz vom Nennbetrag (=Nominalzins).[27] Abhängig von der Ausgestaltung kann der **Zinstermin** jährlich, halbjährlich oder auch erst am Laufzeitende stattfinden. Die **Laufzeit** von Anleihen beträgt i.d.R. 5 bis 30 Jahre, jedoch gibt es auch „Ultralangläufer" mit erheblich längeren Laufzeiten. Die **Tilgungsmodalität** gibt an, wie die Rückzahlung erfolgt. Im Normalfall liegt die Rückzahlung bei 100 (%) und findet am Ende der Laufzeit statt. Eine vorzeitige **Kündigung** der Anleihe ist nur dem Schuldner möglich, sofern im Emissionsprospekt nichts anderes vorgesehen ist. Außerdem können Anleihen **besichert** oder **unbesichert** sein. Eine Besicherung ist die Hinterlegung einer separaten Deckungsmasse, auf die der Insolvenzverwalter im Falle einer Insolvenz keinen Zugriff hat.[28]

Bei den aufgezählten Merkmalen handelt es sich um Basismerkmale. Je nach Anleihe treten Sonderformen oder andere Veränderungen auf. Die nun folgenden

---

[26] Vgl. *Spremann, K./Gantenbein, P.*, Zinsen, Anleihen, Kredite, 2009, S. 17-18
[27] Vgl. *Wöhe, G./Döring, U./Brösel, G.*, Einführung in die Allgemeine Betriebswirtschaftslehre, 2016, S. 542-543
[28] Vgl. *Diwald, H.*, Anleihen verstehen, 2013, S. 6, 221; *Wöhe, G./Döring, U./Brösel, G.*, Einführung in die Allgemeine Betriebswirtschaftslehre, 2016, S. 542

Abschnitte sollen dabei helfen, die verschiedenen Ausprägungen und Besonderheiten von Anleihen verständlich zu machen.

3.3.2 Differenzierung nach Kuponarten

Der Kupon sichert dem Gläubiger das Recht, vom Emittenten am festgelegten Kupontermin die vereinbarte Zinszahlung zu erhalten. Bei der Verzinsung handelt es sich um die Nominalverzinsung der Anleihe.[29] Die Höhe des Kupons ist allgemein abhängig von den Faktoren **Bonität des Emittenten**, **Laufzeit**, **Besicherung**, Höhe des allgemeinen **Kapitalmarktzinssatzes** und dem **Renditeniveau vergleichbarer Anleihen**.[30]

3.3.2.1 Festzinsanleihen

Festzinsanleihen besitzen einen fixen Kupon und somit einen festen Nominalzins. Die meisten Kupons garantieren eine jährliche Verzinsung mit Rückzahlung am Ende der Laufzeit. Nach der Entrichtung des Kaufpreises erhält der Käufer Kuponzahlungen in festen Abständen und am Ende die Tilgung. Der Vorteil von Fixkuponanleihen ist, dass Investor und Emittent die zukünftig anstehenden Zahlungen genau kalkulieren können. Im Gegenzug hat der Emittent nicht die Möglichkeit, von einer Änderung der Marktzinsen zu profitieren. Diese würde sich aufgrund des fixen Kupons über den Marktpreis der Anleihe bemerkbar machen. Abbildung 4 zeigt die entsprechenden Zahlungsströme. Nach Entrichtung des Kaufpreises zahlt der Emittent einmal jährlich einen Kupon von 4% des Nominalwertes. Bei Laufzeitende (Jahr 5), erhält der Käufer die letzte Kuponzahlung und die Tilgung (für gewöhnlich 100%) zurück.[31]

---

[29] Vgl. *Kühn, C.*, Fachbegriffe Wertpapiere und Börse, 2007, S.147
[30] Vgl. Kupon und Rendite - BondGuide
[31] Vgl. *Diwald, H.*, Anleihen verstehen, 2013, S. 15-16; *Hasler, P. T.*, Unternehmensanleihen, 2014, S. 28-29

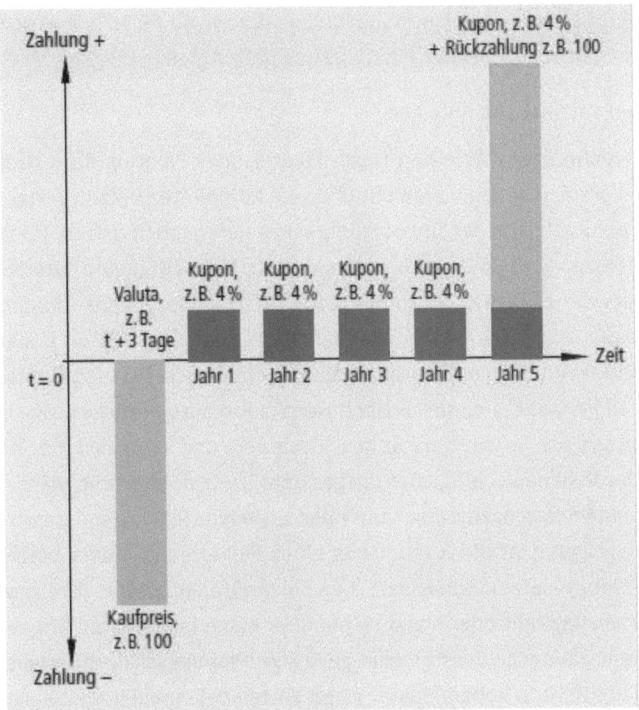

Abbildung 4, Zahlungsströme einer Fixkuponanleihe
Quelle: Diwald, H., 2013, S. 16

Neben dieser Ausprägung gehören auch Stufenzinsanleihen zu der Gruppe der Festzinsanleihen. Der Zinssatz steigt hier mit der Zeit stufenweise immer weiter an. Der Anstieg dieser „Zinstreppe" wird im Vorhinein festgelegt. Attraktiv sind diese Anleihen für Personen, die in Zukunft mit niedrigeren Steuersätzen rechnen (z.B. Rentner).[32]

Für festverzinsliche Anleihen besteht ein Zinsänderungsrisiko. Verändert sich der Marktzins, wirkt sich das unmittelbar auf den Kurs der Anleihe aus. Steigt der Marktzins, sinkt der Anleihekurs, weil für Investoren mögliche Alternativanlagen attraktiver werden. Folglich muss sich bei einem Wertpapier mit festem Zinssatz der Preis ändern.[33] Der Anteil an langläufigen Anleihen mit festem Kupon belief

---

[32] Vgl. *Hasler, P. T.*, Unternehmensanleihen, 2014, S. 29
[33] Vgl. *Hutter, S.*, Anleihen, 2008, S. 438

sich Juni 2014 für Unternehmen mit Sitz im Euro-Raum auf 66,15% und war somit das wichtigste Instrument bei der Finanzierung über Anleiheemission.[34]

3.3.2.2 Variabel verzinsliche Anleihen

Bei variabel verzinslichen Anleihen (auch Floater oder Floating Rate Notes) genannt, ist die Verzinsung dagegen nicht über die komplette Laufzeit festgeschrieben, sondern abhängig von der Entwicklung eines Referenzzinssatzes. Häufig verwendete Referenzgrößen sind der Interbankensatz LIBOR (London Interbank Offered Rate) oder der EURIBOR (Euro Interbank Offered Rate). Beide Zinssätze dienen der Vergabe von kurzfristigen Refinanzierungskrediten unter Banken am Euro-Geldmarkt.[35] Auf diesen Basiszinssatz wird ein Aufschlag, auch Quoted Margin oder Spread genannt, hinzuberechnet. Der Spread, ausgedrückt in Basispunkten (BP) orientiert sich an der Bonität des Schuldners und kann auch negativ sein. Dabei bleibt der Risikoaufschlag über die gesamte Laufzeit konstant, während der zugrundeliegende Referenzzinssatz halb- oder vierteljährlich angepasst wird. Eine besondere Ausprägung ist die Ausstattung eines Floaters mit einem bestimmten Mindestsatz (Floor Floater), Höchstsatz (Cap Floater), oder beidem (Collared Floater).[36] Die Verzinsung fällt oder steigt so nie über einen bestimmten Zinssatz was sowohl Emittent als auch Investor eine genauere Planungssicherheit verschafft. Aus Sicht des Emittenten haben Floater ihren Vorteil bei einem hohen Zinsniveau, das größeren Schwankungen unterliegt. Aufgrund der Anpassung der Verzinsung an das aktuelle Zinsniveau unterliegen variabel verzinste Anleihen geringeren Kursschwankungen. Durch die Ungewissheit über die zukünftige Entwicklung der Kapitalmarktzinsen sind Floating Rate Notes meistens kurzläufiger und weisen typischerweise Laufzeiten von fünf bis sieben Jahren auf.[37] Der Anteil von langlaufenden, variabel verzinsten Anleihen für Unternehmen mit Sitz im Euro-Raum belief sich im Juni 2014 auf 23,32% des Gesamtmarktes.[38]

Hybridanleihen entstehen bei der Kombination zwischen festverzinslich und variabel verzinslichen Unternehmensanleihen. Für gewöhnlich ist die Verzinsung in

---

[34] Vgl. *EZB*, Statistics Pocket Book, 2014, S. 29
[35] Vgl. *Büschgen, H. E.*, Das kleine Bank-Lexikon, 1997, S. 1073; *Hasler, P. T.*, Unternehmensanleihen, 2014, S. 30-31
[36] Vgl. *Hutter, S.*, Anleihen, 2008, S. 438
[37] Vgl. *Wöhe, G. u. a.*, Grundzüge der Unternehmensfinanzierung, 2013, S. 306
[38] Vgl. *EZB*, Statistics Pocket Book, 2014, S. 29

den ersten 5 bis 10 Jahren Laufzeit der fix. Im zweiten Zeitabschnitt ändert sich die Verzinsung und wird variabel. Somit kann vor allem bei länger laufenden Anleihen auf Seiten des Emittenten gut auf ein Zinsänderungsrisiko reagiert werden.[39] Eine weitere Art variabel verzinslicher Anleihen sind Reverse Floater. Die Verzinsung erfolgt hier genau umgekehrt wie bei Floating Rate Notes. Steigen die Referenzzinssätze dann sinkt die Verzinsung des Revers Floaters. Ein Kupon kann so beispielsweise mit einer Zinszahlung von 15% minus EURIBOR/LIBOR ausgestattet sein. Liegt der Referenzzinssatz bei 5%, erhält der Investor Zinsen von 10%. Steigt der Zinssatz auf 6%, fällt die Verzinsung auf 9%. Möglich ist auch den Kupon mit X% minus zweimal LIBOR/EURIBOR auszugestalten und ihn somit mit einem Hebel zu versehen.[40]

3.3.2.3 Nullzinsanleihen

Dagegen besitzen Nullzinsanleihen auch Nullkupon oder Zerobonds genannt keinen Kupon. Anstelle kontinuierlicher Zinszahlungen werden die Zinsen thesauriert und bei Laufzeitende zusammen mit der Tilgung gezahlt. Nullkuponanleihen werden typischerweise von Unternehmen emittiert, die während der Laufzeit nur über geringe Liquidität verfügen. Unterschieden wird zwischen Zinssammlern und echten Zerobonds. Bei Zinssammlern liegt der Emissionskurs bei 100%, der Rückzahlungskurs liegt darüber. Dagegen werden echte Zerobonds mit 100% getilgt, der Ausgabekurs liegt somit dementsprechend niedriger (Discount-Anleihe). Der Investor erhält eine Verzinsung, jedoch nicht aus dem Kupon, sondern aus der Differenz zwischen Emissions- und Rückzahlungskurs.[41]

Genauso wie Stufenzinsanleihen haben Nullkuponanleihen einen Vorteil für Investoren, die in der Zukunft mit geringeren privaten Steuersätzen rechnen. Der Zeitpunkt der Zinseinkünfte und der daraus resultierenden Steuerzahlungen wird somit weit in die Zukunft verlegt. Tritt der Zeitpunkt der Zinszahlung ein, befindet sich die Person im Idealfall bereits im Ruhestand.[42] Der Vorteil für den Emittenten dagegen besteht darin, dass er während der Laufzeit keine Liquidität für Zinszahlungen vorrätig halten muss. Projekte, die mit dem Erlös aus einer Anleihe

---

[39] Vgl. *Hutter, S.*, Anleihen, 2008, S. 438
[40] Vgl. *Steiner, M./Bruns, C.*, Wertpapiermanagement, 2000, S. 137
[41] Vgl. *Steiner, M./Bruns, C.*, Wertpapiermanagement, 2000, S. 134
[42] Vgl. *Spremann, K./Gantenbein, P.*, Zinsen, Anleihen, Kredite, 2009, S. 23

finanziert wurden, müssen somit während der Laufzeit keine Cashflows zur Deckung der Zinszahlungen generieren.[43]

3.3.3 Differenzierung nach Besicherung

Bei Anleihen ist die Bonität des Schuldners ausschlaggebend für das Risiko der Anleihe. Je besser die Bonität des Schuldners, desto geringer ist das Ausfallrisiko, welches wiederum Auswirkungen auf die Zinszahlungen der Anleihe hat. So besteht für den Emittenten die Möglichkeit, ähnlich wie bei einem Bankkredit, seine Anleihe zu besichern. Im Fall der Insolvenz des Schuldners hat der Insolvenzverwalter keinen Anspruch auf die der Besicherung zugrundeliegenden Vermögenswerte. Nur die Inhaber der Anleihe haben, sofern das sonstige Vermögen nicht ausreicht, Zugriff auf die separate Vermögensmasse. Je größer und bekannter ein Unternehmen am Kapitalmarkt ist, desto weniger wichtig ist eine Absicherung der Anleihen mit einer separaten Deckungsmasse. Diese Unternehmen können es sich in aller Regel leisten, unbesicherte Anleihen zu emittieren, ohne fürchten zu müssen, dabei zu hohe Risikoaufschläge zu bezahlen. Daher kommen besicherte Anleihen vor allem für Erstemittenten, Unternehmen aus dem High Yield-Segment[44] und bei Emittenten mit niedriger Kapitalausstattung in Frage. Durch eine Besicherung wird im Fall einer Insolvenz versucht, den Schaden und somit die vom Kapitalmarkt geforderte Prämie zu verringern.[45]

3.3.3.1 Personal- und Realsicherheiten

Die Besicherung kann in Form von **Personalsicherheiten** geleistet werden, was das am häufigsten eingesetzte Sicherungsmittel ist. Wenn der Emittent eine Holdinggesellschaft eines Konzerns oder eine Finanztochter ist, verfügt er oftmals nicht über die ausreichenden Vermögenswerte, um die Anleihen adäquat zu besichern. Als Personalsicherheiten dienen Garantien, Bürgschaften und Patronatserklärungen. Finanztochtergesellschaften (welche ihren Sitz oftmals im Ausland haben) hätten ohne Garantie der Muttergesellschaft nur äußerst schwer die Möglichkeit, marktfähige Anleihen zu emittieren.[46] Bei einer Patronatserklärung

---

[43] Vgl. *Hasler, P. T.*, Unternehmensanleihen, 2014, S. 35
[44] Die Bonitätsnote dieser Unternehmen liegt tiefer als BBB- (Rating nach Standard & Poor's und Fitch), Vgl. Kapitel 3.3.4 (Rating)
[45] Vgl. *Hasler, P. T.*, Unternehmensanleihen, 2014, S. 84-85
[46] Vgl. *Hutter, S.*, Anleihen, 2008, S. 446-447

erklärt sich in aller Regel die Muttergesellschaft dazu bereit, das entsprechende Unternehmen wirtschaftlich zu unterstützen, um die Kreditfähigkeit zu verbessern.[47]

Zur Anleihebesicherung können außerdem noch **Realsicherheiten** dienen. Man spricht von einer Besicherung, wenn der Anleihe eine separate Deckungsmasse, z.B. Vermögensgegenstände, Hypothekenkredite oder andere Anleihen zugrunde liegen. Wie bereits erwähnt, hat der Insolvenzverwalter keinen Zugriff auf die Deckungsmasse. Sie dient dazu, von den Gläubigern verwertet zu werden, wenn das sonstige Vermögen die Ansprüche nicht decken kann.[48]

3.3.3.2 Covered Bonds

In vielen Ländern gibt es für die Emission besicherter Anleihen gesetzliche Regelungen. Sind diese erfüllt, darf die Anleihe unter der speziellen Bezeichnung „Pfandbrief" (engl. Covered Bond) in Umlauf gebracht werden. Pfandbriefe sind gedeckte Anleihen, die von Pfandbriefbanken vergeben werden. In Deutschland sind die Kriterien nach dem Pfandbriefgesetz geregelt. Vorteilhaft für den Investor ist die Sicherheit, dass die Kreditqualität der Anleihe gesetzlichen Regelungen gerecht wird. Besonders beliebt sind Covered Bonds bei Versicherungen, da die Eigenkapitalanforderungen niedriger sind und somit der Portfolioanteil höher ausfallen darf.[49]

3.3.4 Bedeutung des Ratings

Bei der Ermittlung eines Zinssatzes für eine emittierende Anleihe gilt immer die gleiche Grundidee: Anleihen, die hinsichtlich der Bonität, der Laufzeit und hinterlegten Sicherheiten ähnlich sind, müssen mit der gleichen Rendite ausgestattet sein. Da eine Bonitätsbeurteilung für den privaten Investor oftmals zu umfangreich ist, gibt es dafür spezielle Ratingagenturen. Die drei größten und bekanntesten Ratingagenturen sind Moody's, Standard & Poor's und Fitch. Ein Tätigkeitsfeld von

---

[47] Vgl. *Hutter, S.*, Anleihen, 2008, S. 449; Vgl. *Siebel, U. R.*, Rechtsfragen internationaler Anleihen, 1997, S. 453; *Hartwig-Jacob, M.*, Die Vertragsbeziehungen und die Rechte der Anleger bei internationalen Anleiheemissionen, 2001, S. 403-408

[48] Vgl. *Hutter, S.*, Anleihen, 2008, S. 449; Vgl. *Siebel, U. R.*, Rechtsfragen internationaler Anleihen, 1997, S. 453; *Hartwig-Jacob, M.*, Die Vertragsbeziehungen und die Rechte der Anleger bei internationalen Anleiheemissionen, 2001, S. 403-408

[49] Vgl. *Weidmann, O./Saffenreuther, J.*, Gabler Wirtschaftslexikon, Stichwort: Pfandbrief; Vgl. *Diwald, H.*, Anleihen verstehen, 2013, S. 222-223

Ratingagenturen ist die Bonitätsprüfung. Unternehmen können im Vorfeld einer Anleiheemission ein externes Rating einer Ratingagentur in Auftrag geben. Geratet werden kann entweder das gesamte Unternehmen (Emittentenrating), oder nur eine bestimmte Anleihe (Emissionsrating). Für die Investoren ist ein Rating eine einfache, tabellarische Einstufung des Bonitätsrisikos. Das Unternehmen profitiert, da die Ermittlung des eigenen Bonitäts-Spreads[50] leichter fallen dürfte. Außerdem stellt ein gutes Rating ein wichtiges Marketinginstrument dar. Ein Rating kann grob in zwei Segmente unterteilt werden. Anleihen mit niedrigem Risiko eines Zahlungsausfalls werden dem Investment Grade-Segment zugerechnet. Anleihen mit höherem Risiko fallen in das Speculative-Grade- oder High Yield-Segment.[51] Da die Kosten für ein Rating sehr hoch werden können, besitzen in den meisten Fällen nur größere Unternehmen ein externes Rating einer Ratingagentur. Im Gegenzug müssen kleinere Unternehmen ohne Rating oft mit größeren Risikoaufschlägen rechnen, um die gewünschte Marktnachfrage zu generieren.[52] Ein Rating empfiehlt sich vor allem für Unternehmen, die regelmäßig den Kapitalmarkt nutzen und ihr Angebot an internationale Investoren richten. Es gibt aber auch andere Möglichkeiten Investoren zu überzeugen, ohne ein Rating vorweisen zu können. Beispielsweise emittieren Adidas und SAP erfolgreich Anleihen ohne Rating.[53]

Abbildung 5 zeigt die Verteilung nach Qualitätskriterien von emittierten Anleihen, deren Unternehmen ihren Sitz im Euro-Raum haben. Von den sich im Umlauf befindenden Anleihen weisen ca. drei Viertel ein Investment Grade-Rating auf. Allerdings wächst der Anteil von Anleihen ohne Investmentgrade-Rating in den letzten Jahren stetig, da vor dem Hintergrund der Eurokrise in den letzten Jahren mehr Anleihen herab- als heraufgestuft wurden.[54] Auch der Anteil von nicht gerateten Anleihen stieg an. Aber der Zuwachs von Anleihen ohne Rating, bei denen sich kleine Unternehmen dieses oftmals nicht leisten können, könnte auch durch eine vermehrte Nachfrage am Markt entstanden sein. Damit dürften auch die sehr

---

[50] Ein Bonitäts-Spread ist ein Risikoaufschlag, der auf die risikolose Rendite z.B. einer Staatsanleihe addiert wird. Die Höhe ist abhängig von der Bonität des Emittenten. (Siehe Kapitel 5.2)
[51] Investment Grade-Segment: AAA bis BBB-Speculative-Grade Segment: BB+ bis D (Ratingklassen nach Standard & Poor's und Fitch)
[52] Vgl. *Bösch, M.*, Finanzwirtschaft, 2016, S. 245-247; *Reichling, P./Beinert, C./Henne, A.*, Praxishandbuch Finanzierung, 2005, S.182-183; *Zengeler, T.*, Corporate Bonds, 2007, S. 204
[53] Vgl. *Handelsblatt*, Verzicht auf Bonitätsnote: Rating? Unternehmen sagen Nein danke! 2010, S 1-3
[54] *Deutsche Bundesbank*, Monatsbericht - Juli 2017, 2017, S. 20

geringen Renditen, die mit Anleihen im Investment Grade-Bereich noch zu erwirtschaften sind, ein Grund für das Wachstum in den Segmenten für hochverzinsliche Anleihen und Anleihen ohne Rating sein.

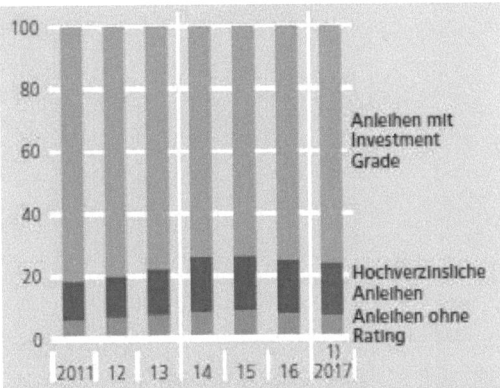

Abbildung 5, Ratings von Anleihen nichtfinanzieller Unternehmen (Sitz im Euroraum)
Quelle: Dealogic; Deutsche Bundesbank, Monatsbericht Juli 2017 S. 53 (Stand: April 2017)

3.3.5 Renditeberechnung

Die bis jetzt vorgestellten Eigenschaften von Anleihen wirken sich alle unterschiedlich auf die Rendite einer Anleihe aus. Der Kupon gibt die Nominalverzinsung einer Anleihe an. In der Standardausprägung kann ein Investor mit regelmäßigen Zinszahlungen zu festgelegten Zeitpunkten rechnen. Verkauft ein Investor seine Anleihe, sind die Anleihebedingungen für den Erwerber die gleichen, jedoch mit einer Ausnahme: anstatt des Ausgabepreises erwirbt er die Anleihe zum aktuellen Marktpreis, der sich laufend ändert.[55] Durch die schwankenden „Einkaufspreise" ändert sich die zu erwartende Rendite für den neuen Investor. Demzufolge gibt es für Anleihen neben der Nominalverzinsung die Effektivverzinsung (auch Rendite oder Yield-to-Maturity).[56]

---

[55] Vgl. *Bösch, M.*, Finanzwirtschaft, 2016, S. 248
[56] Vgl. *Beike, R./Schlütz, J.*, Finanznachrichten lesen - verstehen - nutzen, 2010, S. 416-417

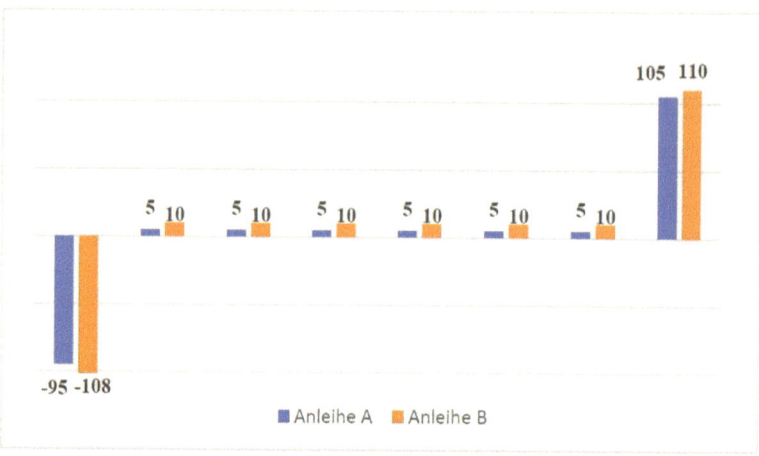

Abbildung 6, Grafische Darstellung der Zahlungsströme
Quelle: Eigene Darstellung in Anlehnung an: Bösch, M.., 2016, S. 248

Abbildung 6 zeigt beispielhaft zwei am Sekundärmarkt gehandelte Anleihen. Hier stellt sich nun die Frage, welche für den Investor vorteilhafter ist. Während für Anleihe A ein Kaufpreis von 95 entrichtet werden muss, kostet die Anleihe B mit 108 deutlich mehr. Jedoch enthält der Investor bei A nur 5% Zinsen und bei B 10%. Die Zahlungsströme im Jahr 7 setzen sich aus den Rückzahlungsbeträgen (100) und der letzten Zinszahlung zusammen. Der Effektivzeins zeigt an, wie sich das angelegte Geld tatsächlich verzinst. Zur Berechnung der Effektivverzinsung eignet sich die Anwendung von Excel (Funktion IKV). Damit wird der interne Zinsfuß der Anleihe berechnet. Die Effektivverzinsung ist somit immer abhängig von dem Preis der Anleihe, dem Kupon und der Restlaufzeit. Für die Anleihen in Abbildung 6 errechnet sich eine effektive Rendite von 5,89% für die Anleihe A und 8,44% für Anleihe B. Obwohl der Investor für Anleihe B deutlich mehr Geld bezahlen muss (108 statt 95), ist die Rendite durch die abgezinsten Zinszahlungen höher.

Die folgende Kapitalwertformel verdeutlicht das noch einmal:

$$95\,€ = \frac{5\,€}{(1+0{,}0589)^1} + \frac{5\,€}{(1+0{,}0589)^2} + \frac{5\,€}{(1+0{,}0589)^3} + \frac{5\,€}{(1+0{,}0589)^4}$$
$$+ \frac{5\,€}{(1+0{,}0589)^5} + \frac{5\,€}{(1+0{,}0589)^6} + \frac{105\,€}{(1+0{,}0589)^7}$$

Die Rendite setzt sich aus zwei Komponenten zusammen: auf den risikolosen Zinssatz[57] gleicher Laufzeit wird eine Kreditrisikoprämie (Credit Spread) in Abhängigkeit von Bonität und Sicherheiten des jeweiligen Emittenten berechnet.[58] Unterschieden wird zwischen der Rendite bei der Ausgabe von Anleihen (*Emissionsrendite*), welche sich nach dem Ausgabekurs und der Nominalverzinsung berechnet. Die Rendite von bereits am Markt gehandelten Anleihen wird als *Umlaufrendite* bezeichnet.[59]

---

[57] Zum Beispiel der Zinssatz einer als ausfallsicher geltenden Bundesanleihe
[58] Vgl. *Bösch, M.*, Finanzwirtschaft, 2016, S. 250
[59] Vgl. *Beike, R./Schlütz, J.*, Finanznachrichten lesen - verstehen - nutzen, 2010, S. 419

4 Anleihemärkte

4.1 Überblick

Der Markt für festverzinsliche Wertpapiere wird Anleihemarkt, Rentenmarkt oder Bondmarkt genannt. Er steht im Gegensatz zum weitaus bekannteren Aktienmarkt, dem Markt für Beteiligungspapiere. Anleihemarkt und Aktienmarkt bilden zusammen den Kapitalmarkt im engeren Sinne, den Markt für langfristige Wertpapiere. Anleihemärkte sind bezüglich des Emissions- und Handelsvolumens weit stärker entwickelt als Aktienmärkte. So ist der Einfluss der Anleihemärkte auf andere Finanzmarktsektoren und auf die reale Wirtschaft erheblich.[60]

Im Juli 2017 betrug der Brutto-Absatz von Schuldverschreibungen inländischer Emittenten 81.160 Mio. Euro. Damit belief sich die Höhe der im Umlauf befindenden Schuldverschreibungen inländischer Emittenten auf insgesamt 3.075.428 Mio. Euro. Vergleicht man dies mit den sich in Umlauf befindenden Aktien inländischer Emittenten[61], wird die Größe der Anleihenmärkte deutlich. Im Juli 2017 befanden sich demnach 1.800.324 Mio. Euro an Aktien im Umlauf, rund 1.275.104 Mio. Euro weniger als bei Anleihen.[62]

Abbildung 7 zeigt, welche Emittenten an den Anleihemärkten vertreten sind. Mit 52% sind die Länder, Gemeinden, der Bund und andere öffentlich-rechtliche Körperschaften die größten Akteure am Rentenmarkt. Darauf folgen Schuldverschreibungen von Banken. Diese greifen aufgrund ihres erhöhten Refinanzierungsbedarfs häufiger auf Schuldverschreibungen zurück. 9,1% der Anleihen stammen von Unternehmen.[63]

---

[60] Vgl. *Diwald, H.*, Anleihen verstehen, 2013, S. 8
[61] Bewertung zu Kurswerten
[62] Vgl. *Deutsche Bundesbank*, Kapitalmarktstatistik September 2017, 2017, S. 12, 26, 46
[63] Nicht Monetäre Finanzinstitute (MIF's)

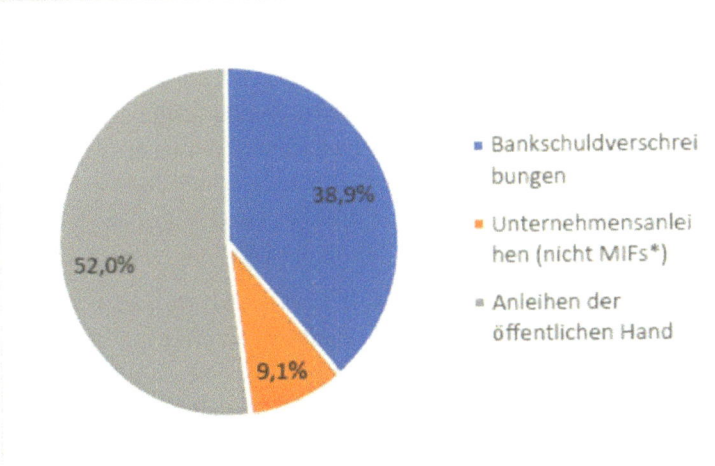

Abbildung 7, Umlauf ausstehender Schuldverschreibungen inländischer Emittenten, Juli 2017
*MFI's: Monetäre Finanzinstitute
Quelle: Eigene Darstellung in Anlehnung an: Deutsche Bundesbank, Kapitalmarktstatistik, September 2017, S. 26

In dieser Arbeit wird weiter auf die Gruppe der Unternehmen eingegangen. Thema des nächsten Kapitels wird die Marktentwicklung der letzten Jahre, vor allem vor dem Hintergrund der Finanzkrise, sein.

Genauso wie bei Aktienmärkten, werden auch bei Anleihemärkten Indizes zu Hilfe genommen, um die Marktentwicklung möglichst adäquat darzustellen und einen Gesamtüberblick zu erhalten. Um die Entwicklung und den momentanen Stand der Anleihemärkte bestmöglich darstellen zu können, ist davor ein Einblick und eine Erklärung in das Thema Anleiheindizes vonnöten.

4.2 Indizes

Ähnlich wie bei Aktienindizes gibt es eine große Anzahl an Anleiheindizes. Diese fassen die Preislage am Rentenmarkt zusammen und spiegeln sie in Zahlen wider. Die Umsetzung gestaltet sich jedoch etwas komplizierter, da Anleihen mit festen Laufzeiten ausgestattet sind, die sich täglich verringern. Dadurch repräsentiert eine Anleihe genau genommen täglich einen anderen Laufzeitbereich. Eine heute begebene Anleihe mit einer Laufzeit von zehn Jahren spiegelt heute das Renditeniveau für zehn Jahre wider, in einem Jahr aber das für neun Jahre. Aus diesem Grund gibt es Indizes mit festen Laufzeitsegmenten, in denen Anleihen mit gleichen Laufzeiten zusammengefasst werden (z.B. 7 bis 10 Jahre Restlaufzeit). Fällt eine Anleihe nicht mehr in dieses Raster, „rutscht" sie in einen anderen Index mit Anleihen gleicher Laufzeit. Aus den Anleihekursen werden Durchschnitte gebildet, um Mittelwerte zu erhalten. Nach einer entsprechenden Gewichtung der Segmente, ausgehend vom Marktanteil, wird schließlich der Index gebildet. Eine zweite Möglichkeit besteht darin, die Indizes aus „fiktiven Anleihen" zu erstellen und laufend zu versuchen, die aktuellen Marktpreise für die fiktiven Anleihen zu bestimmen.[64]

Eine weitere Unterscheidung erfolgt nach Kurs -und Performanceindizes. Anders als bei Aktienkursen schwanken Anleihekurse um den Wert von 100%. Jedoch gibt es hier Ausnahmen, so dürften die Kurse weit mehr sinken, wenn das weitere Fortbestehen eines Unternehmens ungewiss ist. Allgemein liegen Anleihekurse jedoch bei einem hohen Zinsniveau tendenziell unter 100 und bei einem niedrigen Zinsniveau wie in der aktuellen Phase tendenziell über 100. Daher weisen Rentenkursindizes auf lange Sicht keinen steigenden Trend, sondern lediglich Schwankungen um den Mittelwert von 100 auf. In einen Kursindex werden Anleihekurse eingerechnet; Zinskupons bleiben unberücksichtigt. Demzufolge sind Rentenkursindizes Indikatoren für die aktuelle Zinssituation. Als Richtschnur für die Erfolgsmessung eignen sich Performanceindizes. Neben den Kursen sind hier auch die ausgeschütteten Zinsen relevant. Gemessen wird die Performance, die ein Investor mit den Anleihen erzielen kann.[65]

4.2.1 Indizes für Unternehmensanleihen

Neben vielen anderen Indizes für Unternehmensanleihen veröffentlicht der Indexanbieter *Markit* eine Reihe von Indizes, darunter auch Indizes der iBoxx-Familie. Die hier vorgestellten Indizes sind der **iBoxx Non-Fin**[66] und der **iBoxx Covered**. Beide Indizes sind volumengewichtet und setzen sich aus einem Pool von in Euro denominierten Anleihen zusammen, wobei klar definierte Regeln entscheiden, ob eine Anleihe in den Index aufgenommen wird oder nicht. Beide Indizes messen die Performance der Anleihen, also die Kursentwicklung inklusive der Reinvestition der ausgeschütteten Zinszahlungen. Folgende Auswahlkriterien werden verwendet, um die Indexbestandteile zu bestimmen:

---

[64] Vgl. *Beike, R./Schlütz, J.*, Finanznachrichten lesen - verstehen - nutzen, 2010, S. 445-446
[65] *Beike, R./Schlütz, J.*, Finanznachrichten lesen - verstehen - nutzen, 2010, S. 447-448
[66] Tabellen und Grafiken zu allen Indizes im digitalen Anhang

- Der Bond-Typ
- Das Kreditrating
- Die Restlaufzeit
- Der ausstehende Betrag

Relevant für den Index sind nur festverzinsliche Unternehmensanleihen, deren Cashflow im Vorhinein bestimmt werden kann. Kündbare, undatierte und variabel verzinsliche Anleihen sind demnach nicht in den Indizes enthalten. Darüber hinaus müssen alle relevanten Anleihen ein Investment Grade-Rating aufweisen, wobei die Ratings von Moody's, Standard & Poor's und Fitch ausschlaggebend sind. Die Restlaufzeit der Bonds beträgt mindestens ein Jahr. Außerdem müssen die Anleihen ein bestimmtes Volumen aufweisen, um für die Indizes relevant zu sein. Für Unternehmensanleihen gilt ein ausstehender Betrag von mindestens 500 Millionen Euro, Pfandbriefe sind bei einem Volumen von 500-1000 Millionen Euro relevant. In die Unterkategorie „Non-Fin" werden Anleihen von Unternehmen, die keine Banken, Versicherungen, Financial Services, Real Estate oder Insurance-wrapped sind, aufgenommen. Um sicherzustellen, dass alle Anleihen nach wie vor die Vorgaben erfüllen, wird der Index einmal im Monat neu angepasst.[67]

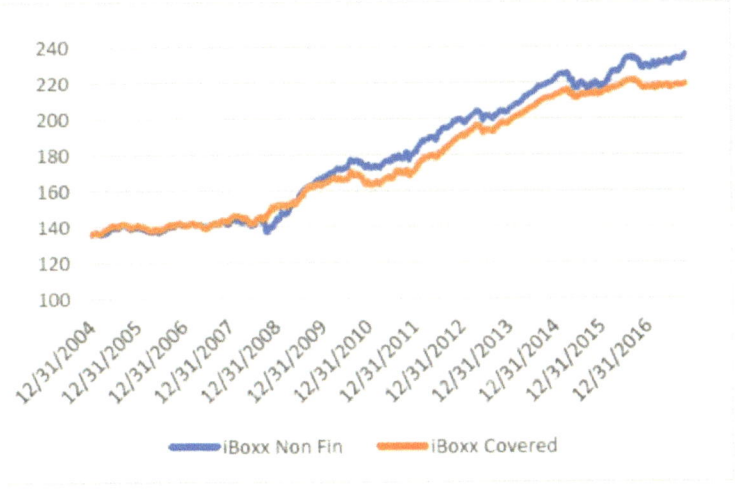

Abbildung 8, iBoxx Euro Non-Fin und iBoxx Euro Covered, Performancemessungen

---

[67] Vgl. *IHS Markit Ltd.*, Markit iBoxx EUR Benchmark Index Guide, 2017, S. 1-12

Quelle: Eigene Darstellung in Anlehnung an: Thomson Reuters

Die Entwicklung der Indizes von Anfang 2005 bis zum 07.11.2017 ist in Abbildung 8 zu sehen. Die Indexhistorie startete am 31.12.1998 und wurde auf den Wert 100 indexiert. Da die Werte nicht um 100 schwanken, sondern darüberliegen und seit Ende 2008 kontinuierlich wachsen, muss es sich um Performanceindizes handeln.

Neben der Performancemessung eignet sich zusätzlich auch die Betrachtung der Entwicklung der Asset Swap Spreads, (Abbildung 9).[68] Ein Asset Swap Spread ist die Renditedifferenz einer Anleihe und der LIBOR-Kurve in Basispunkten.[69] So wird deutlich, welche Renditeaufschläge ein Investor zu erwarten hat, wenn er sich anstatt der risikolosen Anlage (LIBOR-Zinssatz) für eine Anleihe entscheidet.

Abbildung 9, iBoxx Euro Non-Fin und iBoxx Euro Covered, Asset Swap Spreads
Quelle: Eigene Darstellung in Anlehnung an: Thomson Reuters

Um auch die Entwicklung im High Yield-Segment nachverfolgen zu können, wird in dieser Arbeit der **Euro High Yield Index (HE00)** der Bank of America Merrill Lynch verwendet. Gezeigt werden die Asset Swap Spreads der einzelnen im Index enthaltenen Anleihen.

---

[68] Die Daten des Asset Swap Spread vom iBoxx Covered sind erst ab 08/2009 verfügbar
[69] Vgl. *Investor Words*, What is the Asset-swap Spread? definition and meaning

Abbildung 10, Euro High Yield Index, Asset Swap Spread
Quelle: Eigene Darstellung in Anlehnung an: Bloomberg

Für den Index relevant sind Unternehmensanleihen, bei denen das durchschnittliche Rating von Moody's, Standard & Poor's und Fitch unterhalb des Investment Grade-Niveaus liegt. Um in den Index mit aufgenommen zu werden, müssen die Anleihen außerdem eine Mindestrestlaufzeit von einem Jahr haben und einen festen Kupon besitzen. Das ausstehende Mindestvolumen beläuft sich auf 250 Millionen Euro. Die Gewichtung erfolgt nach Marktkapitalisierung.[70]

4.2.2 Credit Default Swap-Indizes

Neben der Betrachtung von Anleiheindizes werden in dieser Arbeit auch ausgewählte Credit Default Swap-Indizes vorgestellt. Credit Default Swaps (CDS) sind Kreditderivate, die eine Absicherung gegen das Ausfallrisiko eines bestimmten Unternehmens bieten. Der Käufer eines CDS erwirbt das Recht, Anleihen eines Unternehmens zu verkaufen, sollte ein Kreditereignis eintreten. Der Verkäufer des CDS verpflichtet sich, die Anleihen in diesem Fall zu kaufen. Im Gegenzug erhält der Verkäufer über die Laufzeit des CDS oder bis zum Eintritt des Kreditereignisses

---

[70] Vgl. *ICE Dataservices*, ICE BofAML Global Bond Index Rules, 2017

regelmäßige Zahlungen vom Käufer. Während der Verkäufer regelmäßige Zahlungen erhält, kann der Käufer die Unternehmensanleihen in seinem Portfolio absichern.[71]

Als Beispiel stimmt der Käufer eines CDS zu, jährlich 50 Basispunkte als Absicherung gegen einen Zahlungsausfall zu zahlen. Diese 50 Basispunkte werden als Spread bezeichnet. Verschlechtert sich die Lage des Referenzunternehmens, steigt der Spread, die Absicherung wird somit teurer. Bei CDS handelt es sich um Kreditderivate, die handelbar sind. Anleger haben somit die Möglichkeit, das reine Ausfallrisiko von Unternehmen zu handeln.[72]

Der **iTraxx Europe** CDS-Index setzt sich aus den 125 liquidesten Unternehmen mit Investment Grade-Rating zusammen, deren Kreditrisiko am häufigsten gehandelt wird. Dabei sind alle Unternehmen gleich gewichtet. Zusätzlich wird der Index nach Sektoren gewichtet (Automobilfirmen, Industrie & Energie, Technologie / Medien / Telekommunikation, Konsumgüter und Finanztitel). Nach Absprache mit Market Makern und ausgewählten Investment-Banken wird der Index alle sechs Monate neu angepasst. Die Entwicklung des Index und des Marktes hängt dabei stark von der Risikobereitschaft der Teilnehmer ab. Sinken die Spreads im Index, deutet das auf eine risikofreudigere Einstellung der Marktteilnehmer hin. Um einen Einblick in die Spreadverläufe unterhalb des Investment Grade-Segments zu erhalten, gibt es den **iTraxx Europe Crossover**. Dieser Index enthält 75 Unternehmen des Non-Financial Sektors im High Yield-Segment.[73]

Zur Veranschaulichung sind beide 5-Jahres Indizes in Abbildung 11 von Anfang 2005 bis zum 7.11.2017 dargestellt. Zu sehen ist die Entwicklung der CDS-Spreads. Sinken die Indexstände, bedeutet das für die Unternehmen eine billigere (Re-)Finanzierung, da die Anleger in diesen Zeiten weniger Risikoprämie erwarten.

---

[71] Vgl. *Hull, J.*, Optionen, Futures und andere Derivate, 2012, S. 681, 683
[72] Vgl. *Hull, J.*, Optionen, Futures und andere Derivate, 2012, 682, 685
[73] Vgl. *ZertifikateJournal*, Teil 14: Der Itraxx, 2007; *Martin, M. R. W./Reitz, S./Wehn, C. S.*, Kreditderivate und Kreditrisikomodelle, 2006, S. 49-52; *Markit*, Markit iTraxx Europe Series 28 Rulebook, 2017, S. 1-5

Abbildung 11, iTraxx Europe und iTraxx Main in Basispunkten
Quelle: Eigene Darstellung in Anlehnung an: Bloomberg

CDS-Märkte gelten als sehr liquide und spiegeln die Risikoeinschätzung der Marktteilnehmer sehr genau wider. Deswegen werden diese Indizes mit in die Betrachtung einbezogen. Mithilfe dieser Indizes ist es nun möglich, die Entwicklung der Anleihemärkte in den letzten Jahren genauer zu beobachten und daraus sich ergebende Veränderungen abzuleiten. Die grundsätzliche Frage dabei ist, wie sich Veränderungen an den Fremdkapitalmärkten auf die beteiligten Unternehmen auswirken und wie diese darauf reagieren könnten bzw. sollten.

4.3 Entwicklung der Anleihemärkte

4.3.1 Entwicklung von der Euro-Einführung bis zur Schuldenkrise 2010

Die Zeit nach der Euroeinführung war geprägt von einer lebhaften Emissionswelle. Der neu entstandene Markt verstärkte den bestehenden Um- und Restrukturierungseffekt europäischer Unternehmen und zog einen Anstieg der Fusions- und Übernahmeaktivitäten nach sich. Für viele Übernahmen wurde das benötigte Kapital mit neu ausgegebenen Unternehmensanleihen bereitgestellt. Nachdem der i-Boxx-Corporate Non-Fin Index 1999 mit einem Volumen von weniger als 10 Milliarden Euro gestartet war, knackte er bereits im Herbst 2000 die 100 Milliarden Euro- und im Sommer 2002 die 200 Milliarden Euro- Marke.[74]

Nach Jahren des wirtschaftlichen Aufschwungs traf die in den USA entstandene Subprime-Krise im Sommer 2008 Deutschland und Europa. Neben den

---

[74] Vgl. *Zengeler, T.*, Corporate Bonds, 2007, S. 184-186

Aktienmärkten reagierten auch die Risikoprämien für Unternehmensanleihen. Wie deutlich in Abbildung 12 zu sehen, stiegen die Risiko-Spreads für Unternehmensanleihen in dieser Zeit deutlich an. Die Bankenpleiten in Europa und die teilweise dramatischen Aktienverluste von europäischen Unternehmen führten schließlich zu einer Rezession in einer Reihe von Ländern. Besonders Spreads von Peripherieländern weiteten sich stark aus. Vor allem die Risikoaufschläge für griechische Staatsanleihen stiegen zwischen Anfang 2007 und 2009 verglichen mit der 10-jährigen Bundesanleihe um das Zwanzigfache an.[75] Als Reaktion stellte die Europäische Zentralbank (EZB) bereits 2007 den Banken zusätzliche Liquidität zur Verfügung, hob die Zinsen im Juli 2008 dennoch an. Nachdem im Verlauf des Sommers 2008 die Finanzkrise die weltweite Konjunktur eintrübte, sah sich die EZB ebenso wie andere Zentralbanken dazu gezwungen, die Zinsen wieder zu senken. Von Mitte Oktober 2008 bis Mitte Mai 2009 senkte die EZB den Hauptrefinanzierungszinssatz daher von 4,25% auf 1%.[76]

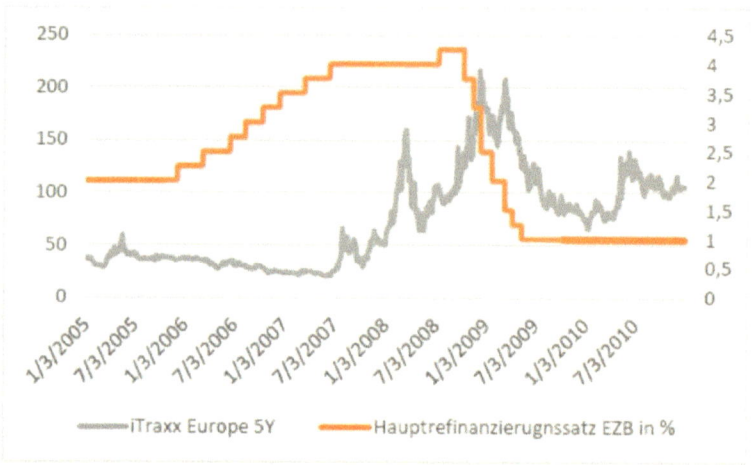

Abbildung 12, iTraxx und Hauptrefinanzierungssatz EZB in % (Sekundärachse)
Quelle: Eigene Darstellung in Anlehnung an: Bloomberg, Europäische Zentralbank

Nach einem kontinuierlichen Wachstum nach der Einführung des Euros stagnierte der Wert sich in Umlauf befindender Schuldverschreibungen inländischer

---

[75] Vgl. *Asmussen, J.*, Die Rolle der Europäischen Zentralbank in der Europäischen Schuldenkrise; *Welfens, P. J.J.*, Transatlantische Bankenkrise, 2009, S. 72-76
[76] Vgl. *Ruckriegel, K.*, Das Verhalten der EZB während der Finanzmarktkrise(n), 2011

Emittenten von Sommer 2006 bis Sommer 2008 (Abbildung 13). Geringe Risikobereitschaft der Investoren erschwerte den Unternehmen die Finanzierungsbedingungen. Die starke Verunsicherung wirkte sich auch auf die Liquidität am Markt aus, was zusätzlich für ansteigende Spreads sorgte. 2009 verzeichneten die Anleihemärkte eine Trendwende. Die Risiko- und Liquiditätsprämien verringerten sich wieder. Sich verbessernde Wachstumsaussichten und eine nachlassende Risikoaversion der Anleger sorgten für Kurserholungen, was sich auch in rückläufigen Renditen bemerkbar machte.[77]

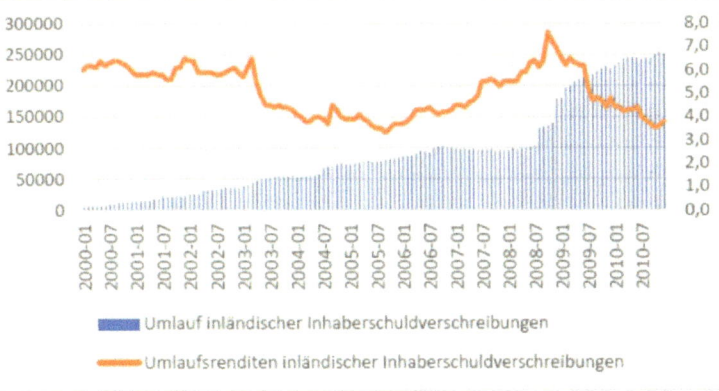

Abbildung 13, Umlauf und Umlaufrenditen inländischer Inhaberschuldverschreibungen von Unternehmen
(Nicht MIF's; Sekundärachse in %)
Quelle: Eigene Darstellung in Anlehnung an: Deutsche Bundesbank, Geschäftsbericht 2008, S. 26

4.3.2 Entwicklung seit 2011

Die Entwicklung des europäischen Marktes für Unternehmensanleihen wurde in den letzten Jahren durch zwei Ereignisse maßgeblich beeinflusst: durch die Zinspolitik der EZB, deren Auswirkung deutlich an den Kapitalmärkten zu spüren ist und durch direkten Markteingriff in Form des Corporate Sector Purchase Programme (CSPP). Beides dürfte die Bedingungen für Anbieter und Nachfrager stark beeinflusst haben.

---

[77] Vgl. *Deutsche Bundesbank*, Geschäftsbericht 2008, 2008, S. 26; *Deutsche Bundesbank*, Geschäftsbericht 2009, 2009, S. 26, 83

Der Markt für nichtfinanzielle Unternehmensanleihen verzeichnete vor allem nach der schweren Wirtschaftskrise in den letzten Jahren ein kräftiges Wachstum. Die Angebotsseite war dabei vor allem geprägt durch Unternehmen, die in der Emission von Anleihen ein Substitut zu Bankkrediten sahen oder die günstigen Finanzierungsbedingungen im Niedrigzinsumfeld nutzen. Auf der Nachfrageseite sorgten die Renditeaufschläge gegenüber sicher geltenden Staatsanleihen für das Interesse der Investoren. Auf Basis der EZB-Kapitalmarktstatistik erhöhte sich so der Umlauf an in Euro denominierten Anleihen, die von nicht finanziellen Unternehmen mit Sitz im Euro-Raum wurden, seit 2011 um ca. 50% auf 1020,4 Milliarden Euro.[78]

Ähnlich wie bei Staatsanleihen sind die Renditen von Unternehmensanleihen in der Nähe ihrer historischen Tiefstände. Im September 2017 lag die Umlaufrendite inländischer Inhaberschuldverschreibungen bei 1,7 % (siehe Abbildung 14). Dabei betrugen die Renditen für Anleihen im High Yield-Segment 3,4% und im Investment Grade-Bereich 0,8%. Neben den Renditen haben sich auch die Spreads seit dem Betrachtungszeitraum 2011 in eine Richtung entwickelt. Die Anleihen in beiden Rating-Segmenten lagen zuletzt unter ihren entsprechenden Fünfjahresmitteln, was auch auf eine hohe Bewertung hinweist. Eine hohe Bewertung birgt das Risiko, dass vorsichtig agierende Investoren aus dem Markt ausscheiden, wenn aufgrund des niedrigen Renditeniveaus die Anleihen an Reiz verlieren.[79]

---

[78] Vgl. *Deutsche Bundesbank*, Monatsbericht - Juli 2017, 2017, S. 18-19
[79] Vgl. *Deutsche Bundesbank*, Monatsbericht - Juli 2017, 2017, S. 18-21

Abbildung 14, Umlaufrendite inländischer Inhaberschuldverschreibungen
Quelle: Eigene Darstellung in Anlehnung an: Deutsche Bundesbank, Monatsbericht Juli 2017, S. 18-19

Die thesaurierten Gewinne nichtfinanzieller Unternehmen haben sich nach den Krisenjahren schnell wieder erholt. Aufgrund dessen gewann in dieser Zeit vor allem die Innenfinanzierung zunehmend an Relevanz. Betrachtet man die Fremdkapitalfinanzierung, fällt auf, dass Unternehmen mit Kapitalmarktzugang Bankkredite teilweise durch Schuldverschreibungen ersetzt haben.

Abbildung 15 zeigt unter anderem den Quotienten aus der Fremdkapitalfinanzierung mit Unternehmensanleihen und Bankkrediten. Dieser steigt seit dem Jahr 2008 kontinuierlich an. Der Quotient wäre noch größer, wenn wie im Jahresgutachten des Sachverständigenrates 2015/2016 eine Unterteilung nach Ländern vorgenommen würde[80]. In den Nicht-Krisenländern ist der Anteil von Unternehmensanleihen gegenüber Bankkrediten noch deutlich stärker auf 32,1% gewachsen.[81]

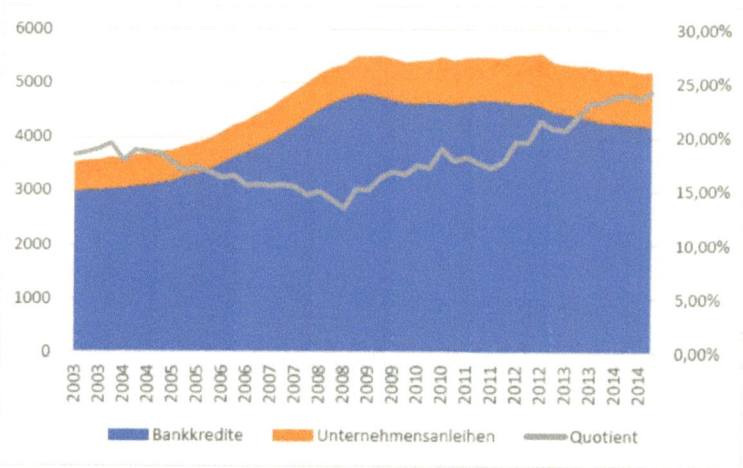

Abbildung 15, Entwicklung der Bankkredite und Unternehmensanleihen
Quelle: Eigene Darstellung und Berechnung in Anlehnung an: Sachverständigenrat, Jahresgutachten 2015/2016, S. 207-208

Unternehmensanleihen sind somit als Substitut zu Bankkrediten seit 2008 wichtiger geworden. Dies könnte auch mit den strengeren Kreditauflagen und Eigenkapitalanforderungen der Banken zu tun haben, die das Kreditvergabevolumen vor allem nach der Krise eingeschränkt haben. Neben der strengeren Bankenregulierung ist die expansive Geldpolitik der EZB und das seit anderthalb Jahren laufende Anleihekaufprogramm (CSPP) mitverantwortlich für das starke Wachstum am Anleihenmarkt.

Die Performanceentwicklung der beiden iBoxx Indizes in Tabelle 1 verdeutlicht diese Entwicklung nocheinmal. Seit 2008 ist hier ein deutlicher Wachstumstrend bei Unternehmensanleihen zu sehen, der sich nach einer kurzen Stagnationsphase im Jahr 2010 kontinuierlich weiterentwickelte. Wie aus Tabelle 1 entnommen

---

[80] Aufteilung: mit Krisenländern (Griechenland, Irland, Italien, Portugal und Spanien) und ohne Krisenländer
[81] Vgl. *Sachverständigenrat*, Jahresgutachten 2015/2016 Risiken durch Niedrigzinsen, Chancen durch die Kapitalmarktunion, 2016, S. 207-208

werden kann, war die prozentuale Veränderung im unteren Rating-Segment mit einem Wachstum von fast 60% am höchsten.

Datum	Indexstände		
	iBoxx Non Fin	iBoxx Covered	ML Euro High Yield Index
31.12.2010	174,25	164,932	788,21
07.11.2017	236,278	219,71	1260,68
Veränderung in %	35,60%	33,21%	59,94%

Tabelle 1, Indexstände 2010 und 2017
Quelle: Eigene Darstellung und Berechnung in Anlehnung an Thomson Reuters

Dies könnte aus Anbietersicht damit zu tun haben, dass das freundliche Marktumfeld der letzten Jahre neue Unternehmen an den Kapitalmarkt gelockt hat, die davor aufgrund des Ratings sehr hohe Risikoaufschläge hätten bezahlen müssen. Auf der Seite der Investoren könnte sich ein verschärfender Trend zu risikoreicheren Anleihen gebildet haben. Vor allem institutionelle Anleger könnten sich auf der Suche nach Rendite („search for yield")[82] gezwungen sehen, in den High Yield-Bereich auszuweichen, um Renditen zu erzielen.

4.3.2.1 Bedeutung des Ankaufprogramms der Europäischen Zentralbank

Am 10. März 2016 kündigte die EZB an, neben Covered Bonds und öffentlichen Anleihen auch ausgewählte Anleihen von Unternehmen zu erwerben. Für das Corporate Sector Purchase Programme (CSPP) sind dabei nur festverzinsliche Anleihen mit einem Investment Grade-Rating und einer Mindestlaufzeit zwischen 6 Monaten und 31 Jahren relevant. Die Schuldtitel müssen in Euro denominiert sein und eine Mindestrendite besitzen, die über der Einlagefazilität (-0,4%) liegt. Die Anleihe muss von einem Unternehmen mit Sitz im Euro-Raum emittiert worden sein. Ausgeschlossen sind Bankanleihen und Anleihen von Investmentgesellschaften. Das Eurosystem kauft maximal 70% einer Emission, wobei das sowohl auf dem Primär- wie auch dem Sekundärmarkt der Fall sein kann.[83]

Ziel des bis heute laufenden Programms ist die direkte Verbesserung der Finanzierungsbedingungen für Unternehmen.[84] Nimmt man die Entwicklung der Risikoprämien als Erfolgsmessung, scheint das Vorhaben gelungen zu sein. Nach

---

[82] *Deutsche Bundesbank*, Monatsbericht - Juli 2017, 2017, S. 25
[83] Vgl. *Deutsche Bundesbank*, Monatsbericht - Juli 2017, 2017, S. 22-24
[84] Vgl. *Deutsche Bundesbank*, Outright-Geschäfte, 2017

Ankündigung bzw. nach Beginn des Programms sind die Risikoaufschläge am Markt für Unternehmensanleihen deutlich gesunken.

4.3.2.2 Auswirkungen des Ankaufprogramms

Im Investment Grade-Bereich (Abbildung 16) verkleinerten sich die Credit Spreads laut der Bayerischen Landesbank um 70 Basispunkte (BP) im Investment Grade-Bereich und im High Yield-Bereich sogar um 250 BP. Neben der Verringerung der Risikoaufschläge bringt das CSPP noch andere Veränderungen mit sich: durch das Programm kamen im letzten Jahr neue Debütanten an den Primärmarkt, was eine positive Auswirkung auf die Kreditdynamik im Euro-Raum hat. Die Bestände des Eurosystems lagen am 20. Juli 2017 bei 102 Milliarden Euro. Somit wurden pro Monat durchschnittlich Käufe von 7 Milliarden Euro getätigt.[85] Nach Neuemissionen von 321 Milliarden Euro im Jahr 2016 liegt die Erwartung der Bayerischen Landesbank dieses Jahr bei 330 Milliarden Euro.[86] Obwohl das Programm verglichen mit den anderen Ankaufprogrammen der Zentralbank verhältnismäßig gering (5% der monatlichen Käufe)[87] ist, wird eine nicht unbeachtliche zusätzliche Nachfrage erzeugt. Das kann zu Marktverzerrungen führen. Ungewiss ist dabei, was passiert, wenn die Zentralbank die Anleihekäufe beenden würde. Es ist schwer abzuschätzen, welches Signal die Beendigung des CSPP auf die Kreditvergabe und die Investitionstätigkeit im Euro-Raum hätte. Das Programm könnte vor allem großen Unternehmen im Investment Grade-Bereich helfen, eine zusätzliche Nachfrage bei deren Schuldverschreibungen zu generieren. Fraglich ist jedoch, ob damit das eigentliche Ziel, die Erhöhung der Investitionstätigkeit, erfüllt wird. Aufgrund der guten wirtschaftlichen Lage könnte es sein, dass die Big Player am europäischen Bondmarkt Investitionen aus den thesaurierten Gewinnen der letzten Jahre tätigen und die Bedingungen am Kapitalmarkt für günstige Anschlussinvestitionen nutzen. Interessant ist daher die Frage, wie sich die Refinanzierungsbedingungen ändern würden, wenn die durch das CSPP künstlich generierte Nachfrage wegbliebe und wenn die Zentralbank die Zinsen anheben würde.

---

[85] Vgl. *Deutsche Bundesbank*, Monatsbericht - Juli 2017, 2017, S. 23
[86] Vgl. *Bayerische Landesbank / BayernLB Research*, Megatrend Niedrigzins und Verschuldung, 2017, S. 14-15
[87] *Sachverständigenrat*, Jahresgutachten 2017/2018; Für eine zukunftsorientierte Wirtschaftspolitik, 2017, S. 185

Anleihemärkte

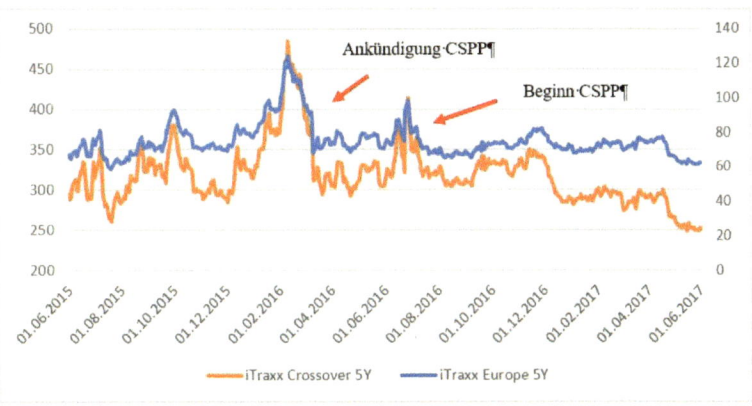

Abbildung 16, Auswirkung des CSPP auf die Credit Spreads
Primärachse: iTraxx Crossover 5Y
Sekundärachse: iTraxx Europe 5Y
Quelle: Eigene Darstellung in Anlehnung an: Thomson Reuters, BayernLB Research

5 Auswirkungen der Situation am Kapitalmarkt auf ausgewählte Unternehmen

Die Auswirkungen der aktuellen Kapitalmarktsituation auf die Unternehmen wird von vielen Faktoren beeinflusst, so dass es schwierig ist, alle mit einzubeziehen. Ähnlich wie bei der Kreditvergabe durch Banken spielt das Geschäftsmodell des jeweiligen Unternehmens eine tragende Rolle. Fundamentaldaten und die eigentliche Geschäftsidee werden vom Autor als eine der wichtigsten Anhaltspunkte zur Beurteilung eines Unternehmens angesehen. Da eine grundlegende Analyse der Auswirkung des Geschäftsmodells auf die Konditionen am Fremdkapitalmarkt für diese Arbeit jedoch nicht zielführend wäre, wird dieser Aspekt lediglich erwähnt und anschließend ausgeblendet.

Durch Marktpreis, Zinssatz und Laufzeit von sich im Umlauf befindenden Anleihen lässt sich die Rendite und somit ein Anhaltspunkt für die Fremdkapitalkosten ableiten.[88] Emittiert ein Unternehmen Anleihen,[89] wird im Vorhinein ein Ausgabepreis und ein fester Kupon festgelegt. Da der Rückzahlungsbetrag im Normalfall 100% beträgt, sind die Kosten der Anleihe für das Unternehmen bei der Emission fest planbar. Treten unerwartete Änderungen auf, macht sich dies über den Preis der sich im Umlauf befindenden Anleihe bemerkbar. Für das Unternehmen ändern sich die Kosten für das aufgenommene Fremdkapital jedoch nicht. Wenn in diesem Kapitel über die Änderung der Finanzierungsbedingungen oder Kosten die Rede ist, sind Anschlussfinanzierungen gemeint. Die Betrachtung der Renditekurven gibt aber einen Hinweis darauf, wie sich die Finanzierungsbedingungen für die Unternehmen entwickeln, denn schlussendlich wird die von den Investoren geforderte Rendite vom Unternehmen bezahlt. Zur Darstellung dient in diesem Kapitel die Zinsstrukturkurve, die im Folgenden erklärt wird.

5.1 Einführung: Zinsstrukturkurven

Eine Zinsstrukturkurve zeigt den Marktzins in Abhängigkeit der Laufzeit eines Kredits. Die Zinsstrukturkurve ist eine Zeitpunktbetrachtung. Sie zeigt, wie sich die Laufzeit eines Krediťes (X-Achse) auf den Zinssatz (Y-Achse) auswirkt. Genau

---

[88] Vgl. Dörschell, A. u. a., Der Kapitalisierungszinssatz in der Unternehmensbewertung, 2012, S. 294
[89] Wenn nichts anderes erwähnt ist, handelt es sich bei „Anleihen" um Unternehmensanleihen mit fester Laufzeit und fixem Kupon

genommen handelt es sich hierbei nicht um eine Kurve, sondern um eine Ansammlung einzelner Punkte.[90] Abbildung 17 zeigt die idealtypischen Verläufe einer Zinsstrukturkurve. Im Normalfall steigt die geforderte Verzinsung mit zunehmender Kreditlaufzeit. Ist dies der Fall, ist von einer „normalen Zinsstrukturkurve" die Rede. Sinkt der Zinssatz mit zunehmender Laufzeit, handelt es sich um eine „inverse Zinsstrukturkurve". Hat die Laufzeit eines Kredites keine Auswirkung auf die Höhe des Zinssatzes, ist die Zinsstrukturkurve „flach".

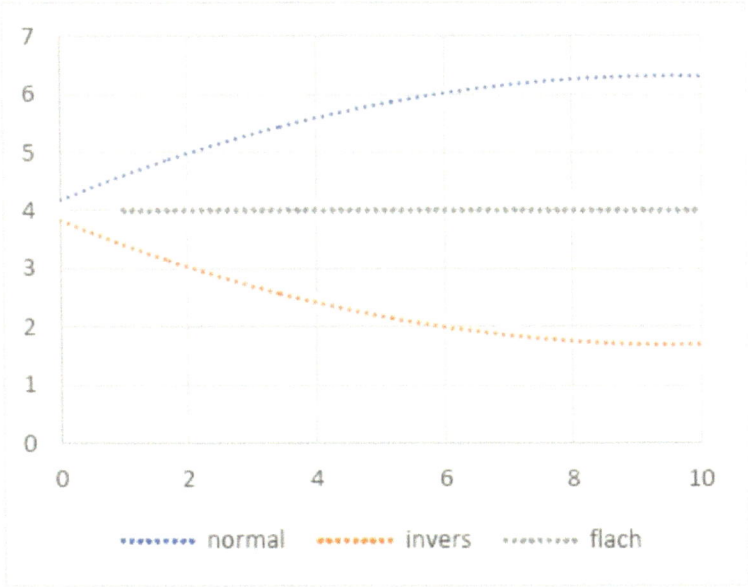

Abbildung 17, Schematischer Verlauf einer Zinsstrukturkurve
Quelle: Eigene Darstellung

5.1.1 Renditekurve des Bundes

Aus der deutschen Zinsstrukturkurve leitet die Bundesbank die Renditen für Bundeswertpapiere mit jährlicher Kuponzahlung nach Restlaufzeiten ab. Fasst man die Laufzeiten von 1 bis 10 Jahren zusammen, erhält man die Rendite deutscher Bundeswertpapiere in Abhängigkeit der Laufzeit (Abbildung 18). Dem Betrachter fallen hier schnell zwei Merkmale auf: Erstens ist die Rendite bis zu einer Restlaufzeit von ca. 7 Jahren negativ. In der Literatur ist dies häufig eine Ausnahmesituation,

---

[90] Vgl. *Bösch, M.*, Finanzwirtschaft, 2016, S. 198-199

jedoch in der momentanen Zeit durchaus normal. Die negativen Renditen könnten Folge des niedrigen Zinsniveaus und der Ankäufe durch die Zentralbank sein. Zudem sind Bundeswertpapiere als „sicherer Anlegerhafen" bekannt, so dass Anleger vor allem in „unsicheren Zeiten" gerne auf diese Wertpapiere zurückgreifen und dafür auch negative Renditen in Kauf nehmen.

Zweitens ist diese Kurve im Gegensatz zu den in Abbildung 17 dargestellten Kurven weder normal, invers oder flach, sondern nahezu linear. Die gepunktete Linie in Abbildung 18 ist eine Regressionsgerade, mit deren Hilfe die Beziehung zwischen Laufzeit und Zins als Funktion dargestellt werden kann. Um bestimmen zu können, wie aussagekräftig diese Regressionsgerade ist, wird in dieser und den folgenden Grafiken das Bestimmtheitsmaß R^2 zur Messung der Aussagequalität angewendet. Werden die Punkte durch die Gerade perfekt nachgebildet, ist $R^2=1$. Gibt es keinen linearen Zusammenhang, ist $R^2=0$.[91] Ein Bestimmtheitsmaß von 0,9913 wie in Abbildung 18 bedeutet somit, dass die Gerade den Zusammenhang zwischen Rendite und Laufzeit sehr gut abbildet, nur eben nicht wie angenommen, als logarithmierte oder flache Gerade, sondern als lineare Funktion.

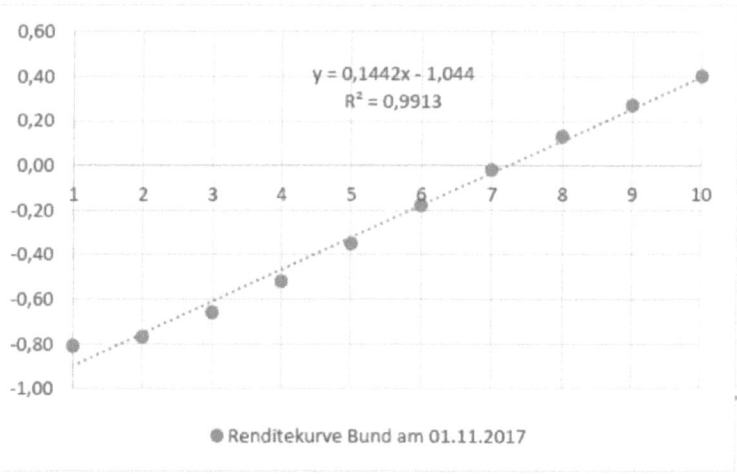

Abbildung 18, Renditekurve Bund in Prozent, 1-10 Jahre
Quelle: Eigene Darstellung in Anlehnung an: Deutsche Bundesbank, Datenbank

---

[91] Vgl. *Wermuth, N./Streit, R.*, Einführung in statistische Analysen, 2007, S. 104-107

Der Grund dafür könnte wiederrum mit der aktuellen Geldpolitik der EZB zu tun haben. Zentralbanken sind vor allem in der Lage, auf die kurzfristigen Zinsen Einfluss zu nehmen. Bei langfristiger Kreditaufnahme sind für den Kapitalnachfrager die langfristigen Zinsen aber von höherer Bedeutung. Langfristige Zinssätze spiegeln die Erwartung über die zukünftige Entwicklung der kurzfristigen Zinsen wider. Seitdem die EZB angefangen hat den Leitzinssatz zu senken, hat sich die Kurve insgesamt nach unten verschoben. Aus der Erwartung langfristig niedriger Zinsen verschob sich auch das lange Ende der Kurve nach unten. Die Folge sind niedrige Finanzierungskosten, auch für lange Laufzeiten (Zinsstrukturkurve Stand 2015).[92]

Verglichen mit der „normalen" Renditekurve ist die Steigung der aktuellen Bundkurve für kurze Laufzeiten (1 und 2 Jahre) flacher und für lange Laufzeiten steiler. Für Anleihen mit kurzen Laufzeiten nimmt die Rendite pro Jahr also weniger stark zu als „normal", für langlaufende Anleihen steigt die Rendite pro Jahr jedoch stärker an. Eine mögliche Erklärung könnte die Risikoaversion der Investoren sein. Substituieren sie diese Anleihen mit längeren Laufzeiten durch Anleihen mit geringeren Laufzeiten, sinken die Renditen am kurzen Ende. Gleichzeitig steigen die Renditen für langfristige Papiere.

Die Anleihen der Bundesrepublik Deutschland gelten allgemein als ausfallsicher. Deswegen wird im Folgenden die Deutsche Bund-Anleihe mit dem risikolosen Zinssatz gleichgesetzt. Auf die Zinsstrukturkurve des Bundes wird dann der spezifische Risikoaufschlag eines beliebigen Schuldners addiert (Risiko-Spread). Der Kreditzins eines einzelnen Unternehmens setzt sich demnach wie folgt zusammen:

Kreditzins eines Unternehmens = Zinsen des Bundes + spezifischer Risiko-Spread[93]

5.1.2 Renditekurven ausgewählter Unternehmen

Neben der Renditekurve des Bundes können auch für einzelne Unternehmen stichtagsbezogene Renditekurven abgeleitet werden. Als Informationsquelle in dieser Arbeit dienen bereits emittierte Anleihen. Nach Berechnung der Restlaufzeit kann diese der aktuellen Rendite gegenübergestellt werden. Dabei kommen in dieser Arbeit nur Unternehmensanleihen mit einem festen Kupon und Laufzeit und einer Denominierung in Euro in Frage. Außerdem wurden die Anleihen am europäischen Markt emittiert. Genauer eingegangen wird auf die ausstehenden Anleihen von

---

[92] Vgl. *Burda, M. C./Wyplosz, C.*, Macroeconomics, 2017, S. 259-262
[93] Vgl. *Bösch, M.*, Finanzwirtschaft, 2016, S. 200

BMW, Continental und Bosch. Nach Meinung des Autors ist es sinnvoll, Unternehmen aus derselben Branche (Automobil) zu betrachten, weil so alle drei der gleichen Branchenkonjunktur unterliegen. Von den ausgewählten Unternehmen sind momentan mindestens drei Anleihen mit unterschiedlichen Laufzeiten im Umlauf.

Um die Renditekurven der Unternehmen mit der des Bundes vergleichen zu können, werden die Renditen der Unternehmensanleihen für jedes volle Jahr (1 bis 10) berechnet. Dazu wurden mithilfe der ausstehenden Anleihen Regressionsgeraden berechnet.[94] Über die Formel der Regressionsgerade ist es dann möglich, die aktuellen Renditen der jeweiligen vollen Jahre annähernd abzubilden. Abbildung 19 zeigt die Restlaufzeiten der sich momentan auf dem Markt befindenden Anleihen mit den dazugehörigen Renditen (Stichtag: 26.11.2017). Dazu ist neben jeder Kurve die Formel der Regressionsgerade und das Bestimmtheitsmaß zu sehen.

Die Aussagekraft der Geraden von BMW dürfte am höchsten sein, da das Unternehmen mit 23 Stück aktuell die meisten Anleihen emittiert hat. Die Gerade ähnelt der des Bundes und ist bis zu einer Restlaufzeit von ca. 3 Jahren negativ.

Die Renditekurve von Continental ist um einiges schwerer zu beurteilen. Das liegt daran, dass die Grafik aus lediglich drei Punkten besteht und der am längsten laufende Bond eine Restlaufzeit von lediglich 2,82 Jahren aufweist. Eine polynomische Funktion zweiten Grades bildet die Beziehung zwischen Rendite und Restlaufzeit der ausstehenden Bonds perfekt ab ($R^2=1$). Bei einer Fortführung über längere Laufzeiten entsteht jedoch eine mit zunehmender Laufzeit sehr stark ansteigende Renditekurve. Ob dies in der Realität wirklich der Fall ist, bleibt anzuzweifeln. Deswegen ist eine Schlussfolgerung auf die Renditeentwicklung länger laufender Anleihen von mehr als 3 bis 4 Jahren Restlaufzeit auf Basis dieses Modells sehr wahrscheinlich nicht aussagekräftig.

---

[94] Der Entscheidung, ob die Regressionsgerade linear, polynomisch oder logarithmisch dargestellt wird, lag stets der Vergleich mit dem Bestimmtheitsmaß zugrunde. Es wurde immer die Funktionsart gewählt, bei der R^2 am nächsten bei 1 lag.

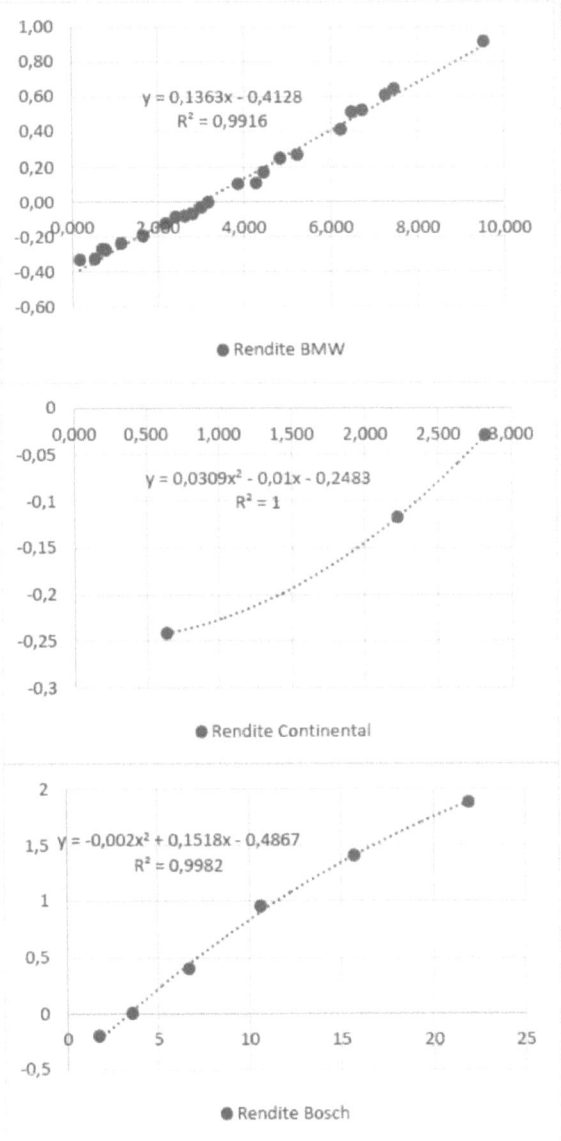

Abbildung 19, Ausstehende Anleihen mit der Renditeentwicklung (%) und Restlaufzeiten (Jahre)
Quelle: Eigene Darstellung und Berechnung in Anlehnung an Thomson Reuters

Die Kurve von Bosch enthält Bonds mit Laufzeiten zwischen 1,7 und 21,9 Jahren und hat somit eine weitaus höhere Aussagekraft. Nach Ansicht des Autors war es hier sinnvoller, eine polynomische Funktion zweiten Grades zu bilden, da sie den Verlauf besser als eine lineare Funktion abbildet. Mathematisch liegt hier das Problem vor, dass die Kurve nach Erreichen des Maximums wieder sinken würde. Deswegen wird für die Zukunft ein Zuwachs der Renditen bis zum Maximum unterstellt. Bei Erreichen des Maximums laufen die Renditen nahezu linear weiter, so dass die hier dargestellte Kurve einer sehr flach verlaufenden „normalen Zinskurve" nahekommt.

5.2 Eigene Berechnung der Credit Spreads

Wie bereits erwähnt, handelt es sich bei dem Credit Spread (auch Risiko-Spread oder Risikoaufschlag genannt) um eine Renditedifferenz. Die Differenz entsteht durch die Forderung der Investoren nach einer adäquaten Rendite, die abhängig von der Kreditwürdigkeit des Schuldners ist. Demnach zahlt der Schuldner mit der höchsten Bonität die geringsten Zinsen. Alle anderen zahlen einen zusätzlichen Aufschlag, um das zusätzliche Kreditrisiko zu vergüten.[95]

Die Höhe des Credit Spread ist abhängig von vielen verschiedenen Faktoren, wobei die Rückführung einer Spread-Veränderung auf eine bestimmte Ursache äußerst kompliziert und nicht immer möglich ist. Verschlechtert sich beispielsweise die Bonität des Schuldners, steigt das Kreditausfallrisiko und somit der Spread. Sinkt die Liquidität der Anleihen, wirkt sich das ebenfalls auf die Spread-Entwicklung aus, da ein Verkauf (größerer Tranchen) der Anleihe nicht mehr so einfach wird. Anleihen sind durch das Zinsänderungsrisiko beeinflussbar. Nicht nur der Kurs wird von einer Zinsänderung beeinflusst, sondern auch die Höhe des Spreads.[96]

Durch die Normierung der Renditekurven der Unternehmen auf volle Jahre (1 bis 10) ist es nun möglich, die jeweiligen spezifischen Credit Spreads zu berechnen. Dazu wurde für jedes Unternehmen die Differenz zwischen Bundrendite und Unternehmensrendite nach dem Stichtagsprinzip berechnet. Die Vorgehensweise ist

---

[95] Vgl. *Krumnow, J./Gramlich, L.*, Gabler Bank-Lexikon, 2000, S. 295
[96] *Krumnow, J./Gramlich, L.*, Gabler Bank-Lexikon, 2000, S. 1108; *Schlecker, M.*, Credit spreads, 2009, S. 164-164; *Knüfermann; M.*, Märkte der langfristigen Fremdkapitalfinanzierung, 2016, S. 182

in der Kapitalmarktpraxis eine einfache und durchaus übliche Möglichkeit, um laufzeitkongruente Anleihen miteinander zu vergleichen.[97]

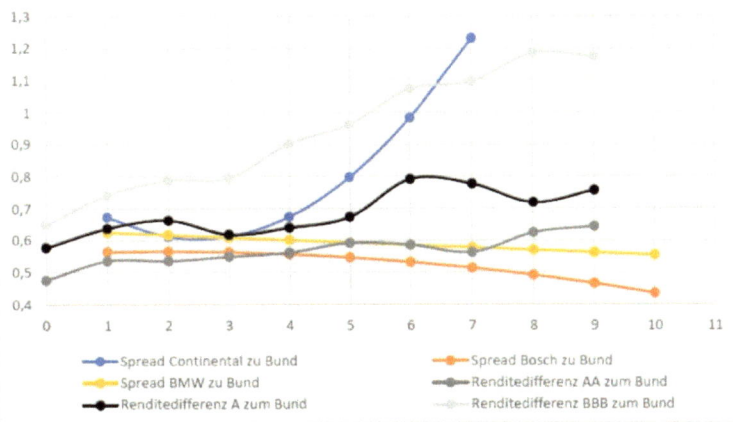

Abbildung 20, Credit Spread-Verläufe
Quelle: Eigene Darstellung in Anlehnung an: https://www.boerse-stuttgart.de/de/boersenportal/tools-und-services/zinsstrukturkurve/, Thomson Reuters, eigene Berechnungen

Die aktuellen Credit Spreads in Abhängigkeit zur Laufzeit sind in Abbildung 20 grafisch dargestellt. Für die kurzen Laufzeiten verändern sich die Spreads von Bosch und BMW nur wenig. Erst gegen Ende flachen beide Kurven etwas ab und nähern sich mehr der Rendite des Bundes an. Das bedeutet, dass die Rendite für einen Bond mit 10-jähriger Laufzeit von Bosch bzw. BMW aktuell 0,433% bzw. 0,552% über der ausfallsicheren Rendite des deutschen Bundes liegt. Um zu unterstreichen, dass es sich bei diesen Unternehmen um keine Ausnahme handelt, sind in der Grafik zusätzliche Renditekurven in grau/schwarz abgebildet. Diese zeigen die durchschnittliche Rendite-Spreads von Unternehmensanleihen, abhängig von dem jeweiligen Rating des Schuldners an. BMW hat ein Standard & Poor's Rating von A+, Bosch von AA-. Bis zu einer Laufzeit von ca. 5 Jahren „bestätigen" die Referenzkurven die Spread-Entwicklung der beiden Unternehmen. Für längere Laufzeiten erhält ein Investor jedoch weniger Rendite als bei einem anderen Unternehmen mit vergleichbarem Kreditrisiko. Anders ausgedrückt, zahlen beide Unternehmen für langfristige Fremdkapitalaufnahme weniger Geld als die Benchmark. Die

---

[97] *Schlecker, M.*, Credit spreads, 2009, S. 163-154

Renditedifferenz von Continental (Standard & Poor's-Rating: BBB+) unterscheidet sich stärker von der BBB-Kurve. Eine Fortführung der Kurve über einen noch längeren Zeitraum würde das Ergebnis jedoch verfälschen, da der Spread unverhältnismäßig hoch ansteigen würde. Auf den kurzen, repräsentativen Zeitraum bezogen, liegt auch die Rendite von Continental unterhalb der Rendite vergleichbarer Unternehmen (bezogen auf das Rating).

5.3 Szenario: Annahme einer Zinserhöhung

In dem Finanzstabilitätsbericht 2014 hat die Deutsche Bundesbank näher untersucht „wie sich verschiedene Zinsszenarien auf die Erträge aus der Fristentransformation, die gesamten Zinserträge sowie auf das Eigenkapital der Banken auswirken."[98] Dabei wird für die kurzfristigen Zinsen ein Zinsschock um 3,5 Prozentpunkte im Jahr 2017 und für die langfristigen Zinsen einen leichten Rückgang bis 2018 angenommen. Der Grundgedanke für die Annahme in dieser Arbeit hat den Ursprung in dem Szenario der Bundesbank.

Unterstellt wird eine Situation, in der der Hauptrefinanzierungssatz der EZB von derzeit 0% auf 3,5% ansteigt. Ziel dieser Annahme ist es, ein Bild davon zu erhalten, wie sich ein höherer Zinssatz auf die Finanzierungsbedingungen der Unternehmen auswirken würde. Neben der Erhöhung des risikolosen Basiszinssatzes stellt sich die Frage, ob sich eine Zinserhöhung auf die einzelnen Credit Spreads auswirkt und wenn ja wie. Darüber hinaus sind Aspekte wie die Unsicherheit/Risikoaversion, Liquidität, Verschuldungsrisiko und Investitionsrückgänge zu beachten.

5.3.1 Veränderung der Bundkurve

Die Vorgehensweise, zuerst das Renditeniveau des Bundes abzubilden und dann durch einen unternehmensspezifischen Aufschlag einen Anhaltspunkt für das Renditeniveau eines Unternehmens zu erhalten, bleibt dabei gleich.

Zur Ermittlung der neuen Bundkurve wird für diese Annahme auf historische Daten zurückgegriffen. Seit Anfang 1999 lag der Hauptrefinanzierungssatz zuletzt in zwei Perioden bei 3,5%, das erste Mal in der Zeit von März bis April 2000, das zweite Mal von Dezember 2006 bis März 2007. Aus Daten, die die Deutsche Bundesbank bereitstellt, lassen sich für diese insgesamt 6 Monate die damaligen Renditen für deutsche Bundeswertpapiere mit der jeweiligen Laufzeit ermitteln (siehe

---

[98] *Deutsche Bundesbank*, Finanzstabilitätsbericht 2014, 2014, S. 46

Abbildung 21). Um einen Zinssatz zu erhalten, wurde aus den 6 Zinssätzen das arithmetische Mittel berechnet. In dieser Annahme haben Bundeswertpapiere mit jährlicher Kuponzahlung und einer Restlaufzeit von einem Jahr eine Rendite von 4,055%.

2006-12	3,85
2007-01	3,95
2007-02	3,92
2007-03	4,02
2000-03	4,16
2000-04	4,43
Arithm. Mittel	4,055

Abbildung 21, Historische Renditen für Bundeswertpapiere mit der Restlaufzeit 1 Jahr (Monatsendstände)
Quelle: Eigene Darstellung und Berechnung in Anlehnung an: Deutsche Bundesbank, Datenbank

Fasst man die Zinssätze für alle Laufzeiten nach derselben Vorgehensweise zusammen, erhält man die hypothetische Renditekurve des Bundes bei einem Zinsniveau von 3,5% (Abbildung 22). Diese neu entstandene Kurve unterscheidet sich hinsichtlich der Renditen stark von der aktuellen, ähnelt sie doch deutlicher mehr der in der Literatur beschriebenen normalen Zinsstrukturkurve. Die Kurve steigt am kurzen Ende, das durch die Zentralbankpolitik beeinflussbar ist, steiler an, verliert am langen Ende jedoch deutlich an Steigung. In der Theorie könnte das mit der damaligen Zinserwartung der Investoren zu tun haben. Da die Kurve aber eine Annahme ist, wird auf weitere Erklärungsversuche hinsichtlich ihrer Form in Verbindung mit Erwartungen der Marktteilnehmer verzichtet.

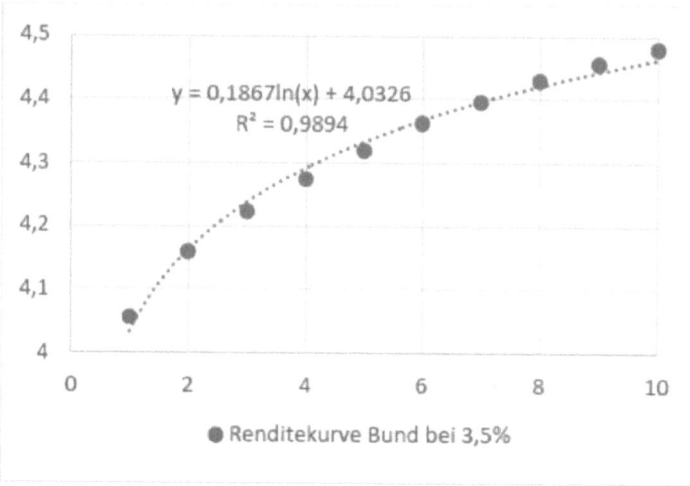

Abbildung 22, Hypothetische Renditekurve des Bundes 1-10 Jahre
Quelle: Eigene Berechnung

Die Renditen der beiden Kurven unterscheiden sich erheblich voneinander. Tendieren die heutigen Renditen bis zu einer Restlaufzeit von 7 Jahren negativ, würden Investoren bei der neu entworfenen Kurve knapp über 4% Rendite in nur einem Jahr erwirtschaften. Die Renditedifferenz beider Kurven schwankt so von 4,078% (10 Jahre) bis 4,928% (2 Jahre). Im Endeffekt führt diese Differenz zu einer weitaus teureren Refinanzierung der Bundesrepublik Deutschland, denn der Anstieg der Renditen um teilweise fast 5% wirkt sich bei Anschlussfinanzierungen schlussendlich auf den Schuldner aus. Auffallend ist, dass der Unterschied zwischen der kleinsten und der größten Rendite in der heutigen Renditekurve größer ist. Der Renditeunterschied zwischen einem und zehn Jahren beträgt aktuell 1,21 Prozentpunkte, die Modellkurve ist gestauchter. Dort beträgt die Renditespanne zwischen einem und zehn Jahre nur 0,423 Prozentpunkte. Obwohl die Fremdkapitalkosten für eine Anleihe in der Annahme deutlich teurer sind, unterscheiden sich die geforderten Renditen für die jeweiligen Laufzeiten nicht so stark. Das ermöglicht dem Schuldner einen gewissen Handlungsspielraum bei der Frage, wie lange er sich verschulden will.

5.3.2 Quantifizierbare Veränderungen für die ausgewählten Unternehmen

5.3.2.1 Veränderung der Renditekurven

Die hypothetische Bundkurve wird wieder als Benchmark-Kurve genutzt. Darauf werden die bereits bekannten, unternehmensspezifischen Credit Spreads addiert, um die neuen Renditekurven der bereits dargestellten Unternehmen zu erhalten (Abbildung 23).

Die Renditekurve von BMW ähnelt nach wie vor der Bundkurve. Die von den Investoren geforderten Renditen sind jedoch gestiegen. Anstatt bei einem Jahr Laufzeit eine negative Rendite von -0,2765% zu erzielen, liegt die neue Rendite bei +4,678%.

Durch die neue, einer logarithmischen Funktion ähnelnde Bundkurve, ist die Renditekurve von Continental jetzt etwas flacher als davor. Hier ist nochmals anzumerken, dass die Kurve am langen Ende ihre Plausibilität verliert, da die emittierten Bonds dafür zu kurzläufig sind. Der Autor ist hier der Meinung, dass die abgebildeten Renditen am langen Ende sowohl heute als auch nach einer hypothetischen Zinserhöhung zu hoch sind. Neben der Erhöhung des allgemeinen Zinsniveaus ist die Kurve aber vor allem im kurzlaufenden Bereich flacher. Auch die neue Kurve von Bosch hat sich der neuen Form der Bundkurve „angepasst". Durch die polynomische Funktion fangen die Renditen jedoch an, am langen Ende rückläufig zu werden. Der inverse Verlauf einer Kurve ist typisch für Hochzinsphasen, in denen die Emittenten nicht bereit sind, sich langfristg zu hohen Zinsen zu verschulden. Die Folge sind kurzfristige Verschuldungen, bis durch abfallende Renditen am langen Ende eine langfrisige Verschuldung wieder attraktiver wird.[99] Da in dieser Annahme aber nicht klar ist, ob es sich um eine Hochzinsphase handelt und zukünftige Erwartungen aller Marktteilnehmer hier nicht abgebildet werden, wird für längere Laufzeiten der Verlauf einer normalen Zinsstrukturkurve unterstellt. Genau wie bei der Bundkurve ist die Renditedifferenz zwischen den alten und den neuen Kurven am kurzen Ende am höchsten und nimmt mit zunehmender Laufzeit kontinuierlich ab (pro Jahr ca. um 0,0998%).

---

[99] Vgl. *Hasler, P. T.*, Unternehmensanleihen, 2014, S. 104-105

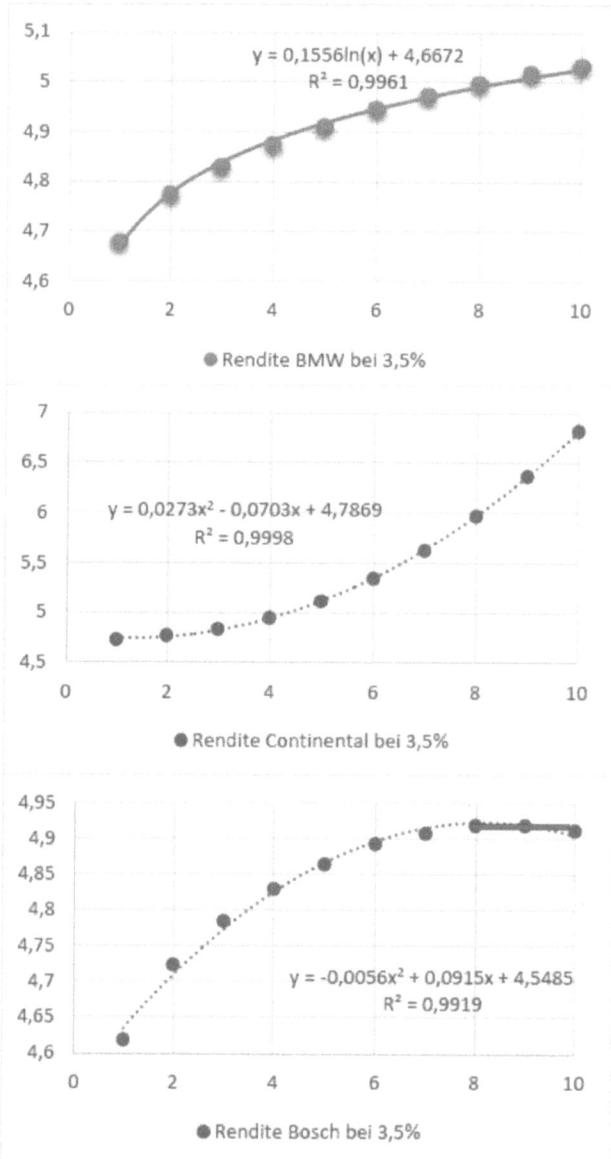

Abbildung 23, Renditekurven der Unternehmen nach einer hypothetischen Zinserhöhung
Quelle: Eigene Darstellung und Berechnung in Anlehnung an Thomson Reuters

5.3.2.2 Veränderung der Credit Spreads

Bis jetzt wurde davon ausgegangen, dass sich bei der Berechnung der hypothetischen Renditen für Unternehmensanleihen die jeweiligen Credit Spreads nicht verändern. Wie und ob eine Veränderung der Spreads bei einem Zinsanstieg stattfinden wird, kann nicht vorausgesagt werden. Jedoch könnte es gut sein, dass die neue Situation für eine weitere Verschiebung der Renditekurven der Unternehmen sorgt. Dafür könnte es eine ganze Reihe von nicht quantifizierbaren Effekten geben. Es gibt jedoch auch einen quantifizierbaren Effekt, der in diesem Kapitel vorgestellt wird.

Die in den vorigen Kapiteln berechneten Credit Spreads sind abhängig vom aktuellen Zinsniveau. Wenn das Kreditrisiko steigt, sinkt die Duration von Anleihen. Die Duration zeigt die durchschnittliche Kapitalbindungsdauer in Jahren an. Dies ist der benötigte Zeitraum, bis ein Investor sein eingesetztes Kapital zurückbekommt. Sie ist abhängig von der Laufzeit, der Höhe des Kupons und der Rendite.[100] Da Unternehmensanleihen typischerweise einen höheren Kupon als Staatsanleihen besitzen, ist die Duration niedriger. Steigen wie in der Annahme dieses Kapitels die Marktzinsen, fallen die Kurse beider Anleihetypen. Der Kurs der Staatsanleihen fällt aber aufgrund des tendenziell niedrigeren Kupons stärker. Da sich folglich die Renditen nicht im gleichen Verhältnis ändern, steigen die Spreads der Unternehmensanleihen an.[101] Folgendes Beispiel verdeutlicht das:

Emittent	Kupon	Kurs	Rendite	Duration	Zinsanstieg um 1%	
					Kurs	Rendite
Unternehmen	7%	90%	8,53%	7,2	83,5%	9,64%
Staat	3%	90%	4,25%	8,3	82,4%	5,30%
Credit Spread			4,28%			4,34%

Tabelle 2, Auswirkung einer Zinserhöhung auf die Credit Spreads (Beispiel)
Quelle: Eigene Darstellung in Anlehnung an: Schlecker, M., Credit spreads, 2009), S. 164

---

[100] Vgl. *Beike, R./Schlütz, J.*, Finanznachrichten lesen - verstehen - nutzen, 2010, S. 434
[101] Vgl. *Schlecker, M.*, Credit spreads, 2009, S. 164

Vor der Zinserhöhung beträgt der Credit Spread der beiden Anleihen 4,28%. Steigt der Zinssatz um 1%, sinken die Kurse der Staatsanleihen stärker und der Credit Spread steigt um 6 BP auf 4,34%.[102]

Dieser Effekt müsste zusätzlich in der Annahme berücksichtigt werden, da er theoretisch für jede Unternehmensanleihe berechnet werden kann. Da es sich in dem Modell aber um Renditen mit Benchmark-Laufzeiten handelt, hinter denen keine realen Anleihen stehen, gibt es hierfür keine Kurse. Daher kann in diesem Fall der Effekt nicht berücksichtigt werden. Dennoch soll erwähnt werden, dass der Spread noch um diesen Effekt erweitert werden müsste.

5.3.3 Nicht quantifizierbare Veränderungen für die ausgewählten Unternehmen

5.3.3.1 Wegfall des Ankaufprogramms

Wie bereits in Abbildung 16 dargestellt, hat sich die Ankündigung und die Einführung des CSPP am Anleihenmarkt bemerkbar gemacht. Laut der Bayerischen Landesbank ließen sich die Auswirkungen des CSPP auf die Credit Spreads mit einem Rückgang von 70 BP im Investment Grade-Bereich und 250 BP im High Yield-Bereich beziffern. Es lässt sich dadurch jedoch nicht ableiten, ob sich diese Rechnung genauso wieder zurück rechnen lässt.

Nach Meinung des Autors könnte es sein, dass schon vor der Beendigung des Programms sich dessen Ankündigung auf die Höhe der Credit Spreads auswirken wird. Von allen Ankaufprogrammen entfallen nur 5% auf den Kauf von Unternehmensanleihen[103]. Daher könnte es sein, dass das Programm mit der Beendigung die Signalwirkung der EZB verliert. Denn neben der zusätzlichen Nachfrage verschafft das Programm auch eine beruhigende Wirkung auf Emittenten und Investoren. Daher liegt die Vermutung nahe, dass bei einer Beendigung die Unsicherheit am Markt steigt, was die Credit Spreads stärker ansteigen lassen könnte, als sie durch Ankündigung und Einführung zurückgegangen sind.

5.3.3.2 Weitere nicht quantifizierbare Veränderungen

Die hier aufgeführten Überlegungen sollen darstellen, wie die Credit Spreads außerdem noch beeinflusst werden könnten. Eine Aufzählung aller Effekte ist schwer

---

[102] Vgl. *Schlecker, M.*, Credit spreads, 2009, S. 164
[103] Vgl. *Sachverständigenrat*, Jahresgutachten 2017/2018; Für eine zukunftsorientierte Wirtschaftspolitik, 2017, S. 185

möglich, da die Auswirkungen im Vorhinein nicht festgelegt werden können. Deswegen wird versucht, auf die offensichtlichsten und wichtigsten Aspekte einzugehen. Die hier dargestellten nicht quantifizierbaren Effekte sind Vermutungen des Autors, die aus seiner Sicht die logische Konsequenz eines erhöhten Zinsniveaus sein könnten.

Eine Beendigung des CSPP könnte Auswirkungen auf die Marktmacht der Emittenten haben. Die Anleihen von Unternehmen im Investment Grade-Bereich bieten mittlerweile fast keine Renditen mehr. Das hat zur Folge, dass Investoren in immer risikoreichere Anleihen investieren. Das wiederrum drückt die Renditen im High Yield-Segment. Durch einen Wegfall des CSPP könnte es vor allem für kleinere Unternehmen ohne Top-Rating schwierig werden, erfolgreich Anleihen am Markt zu platzieren. Denn selbst diese Unternehmen mussten sich in der letzten Zeit so gut wie keine Sorgen machen, mit ihren Anleihen ausreichend Nachfrage am Markt zu generieren. Daher könnten vor allem deren Credit Spreads verhältnismäßig stärker steigen als die der großen Konzerne. Wie bereits erwähnt, hat nach Ansicht des Autors aber vor allem das mit dem CSPP verbundene „Versprechen" der EZB und die künstlich erschaffene „Beruhigung für die Märkte" eine starke Wirkung auf die aktuell niedrigen Credit Spreads. So würde vor allem die Kommunikation der Notenbanker über ihren künftigen Kurs darüber entscheiden, wie hoch die Veränderungen der Kreditprämien am Markt für Unternehmensanleihen tatsächlich ausfallen würden. Daran anschließend könnte sich die neue fiktive Situation auf die Risikoneigung der Investoren auswirken und für eine allgemeine Unsicherheit am Markt sorgen. Bei Unsicherheit und Pessimismus könnten Anleger damit beginnen, ihr Geld in sichere Anlageformen wie Gold oder Bundesanleihen umzuschichten. Dies würde die Renditen für Bundesanleihen wiederum drücken und für eine Ausweitung der Credit Spreads sorgen. Zusätzlich könnte sich das Szenario durch einen Liquiditätsrückgang verstärken. Nimmt die Liquidität am Corporate Bonds Markt ab, könnte dies den Effekt der Credit Spread- Ausweitung noch weiter vorantreiben.

Obwohl unklar ist, welche nicht quantifizierbaren Effekte sich auf die Unternehmens- Spreads auswirken könnten, ist nach Meinung des Autors ein weitaus stärkerer Anstieg der Credit Spreads als nur die Verschiebung der Renditekurven möglich. Auch wenn die Renditedifferenz im Idealfall abhängig vom Geschäftsmodell, der Verschuldung und der Bonität des Unternehmens sein sollte, könnte letztendlich die Risikobeurteilung der Nachfrager am Markt über die Höhe der Spreads entscheiden. Sind diese verunsichert, könnten rationale Beweggründe schnell in den Hintergrund treten.

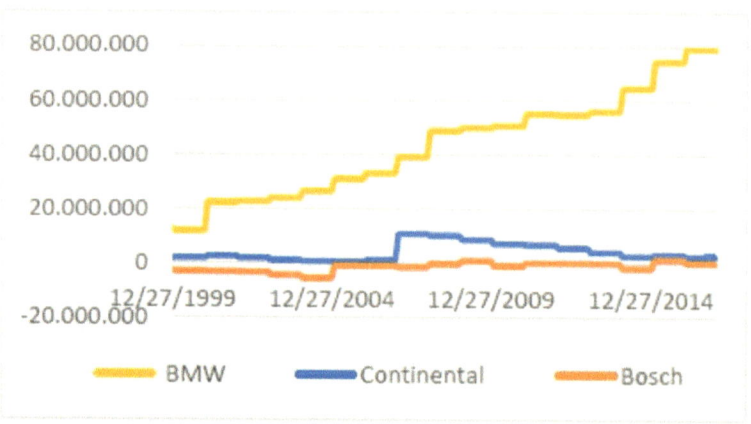

Abbildung 24, Entwicklung der Nettoverschuldung
Quelle: Eigene Darstellung in Anlehnung an Thomson Reuters

Darüber hinaus könnte sich ein höherer Zinssatz auf die Kreditwürdigkeit und die Bonität der Unternehmen auswirken. Mit einer Anschlussfinanzierung steigen bei einem höheren Zinssatz die Fremdkapitalkosten. Für Unternehmen, die in den letzten Jahren Investitionen durch Fremdkapital finanziert haben, dürfte das Emittieren einer neuen Anleihe deutlich teurer werden. Abbildung 24 zeigt die Entwicklung der Nettoverschuldung. Einzig bei BMW ist hier ein klarer Trend zu einer höheren Verschuldung zu erkennen, während bei Continental und Bosch die Verschuldung zurückgegangen ist bzw. stagniert. Ein ähnliches Bild ist in Abbildung 25 zu sehen. Der dort abgebildete Nettoverschuldungsgrad (Nettoverschuldung / EBITDA[104]) gibt an, wie lange ein Unternehmen braucht, um seine Nettoverschuldung bei gleichbleibendem EBITDA zurückzuzahlen. BMW hat sich in den letzten Jahren nicht nur stärker verschuldet, sondern auch das Verhältnis zwischen der Nettoverschuldung und dem EBITDA ist gestiegen. BMW hat 50% seines Fremdkapitals durch Anleihen finanziert[105]. Eine Anschlussfinanzierung unter den Bedingungen des hier dargestellten Szenarios würde bedeuten, dass die durchschnittliche Rendite von BMW-Anleihen aller Laufzeiten von aktuell 0,34% auf

---

[104] Earnings Before Interest, Taxes, Depreciation and Amortization
[105] https://www.bmwgroup.com/content/bmw-group-websites/bmwgroup_com/de/investor-relations/fremdkapital---ratings.html

durchschnittlich 4,9% steigen würde, und das ohne Aufschläge um nicht nicht-quantifizierbare Effekte. Ob sich eine Zinsveränderung auf das Kreditrating eines der Unternehmen auswirken würde, kann nicht vorhergesagt werden. Aber wenn die Refinanzierungskosten stark ansteigen würden, könnte dies durchaus negative Auswirkungen auf die Ratingklasse des Unternehmens haben. Das würde den Effekt eines Credit Spread-Anstieges noch zusätzlich unterstützen.

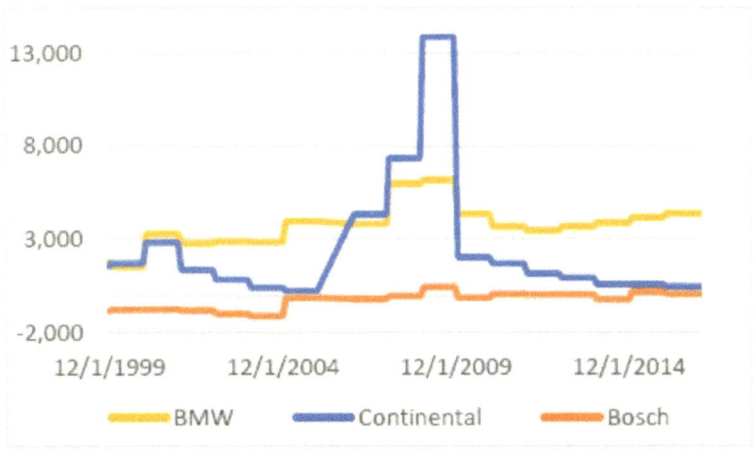

Abbildung 25, Entwicklung des Nettoverschuldungsgrades
Quelle: Eigene Darstellung und Berechnung in Anlehnung an Thomson Reuters

5.3.4 Zusammenfassung und Empfehlung

Die Diskussion der Annahme einer Zinserhöhung hat die Auswirkungen für Unternehmen gedanklich dargestellt. Eine Verschiebung der Renditekurve des Bundes aufgrund historischer Daten beinhaltet eine gewisse Logik, ist jedoch mit Vorsicht zu interpretieren. Legt man diese Annahme jedoch zu Grunde, ist die Renditespanne von heute und dem Zeitpunkt mit einem Zinssatz von 3,5% beachtlich. Würde dieses Szenario so oder so ähnlich eintreten, würden sich Anschlussfinanzierungen für Unternehmen deutlich verteuern. Nicht nur für das Fremdkapital, auch die Eigentümer würden eine höhere Rendite für das von ihnen eingesetzte Eigenkapital erwarten.

Es ist jedoch anzuzweifeln, dass höhere Zinsen den hier vorgestellten Unternehmen existentiell schaden würden, schließlich gab es schon früher Phasen mit höheren Zinsen. Mögliche Folgen von teurerem Geld könnten beispielsweise Investitions- und Produktionsrückgänge sein. Diesen Gedanken weiterverfolgend, könnte eine Zinserhöhung eine Abkühlung des wirtschaftlichen Klimas herbeiführen und dafür sorgen, dass der seit einiger Zeit anhaltende Boom schwächer wird. Vor allem deutsche Unternehmen könnten hier jedoch eine Ausnahme darstellen. Viele Unternehmen haben in den letzten Jahren ihre Eigenkapitalquoten erhöht und Investitionen aus thesaurierten Gewinnen getätigt. Aus europäischer Sicht könnte das bedeuten, dass eine Zinserhöhung für deutsche Unternehmen womöglich weniger negative Auswirkungen haben könnte als für Unternehmen im europäischen Ausland. Die hoch verschuldeten Euro-Länder dürfte eine Zinserhöhung stärker treffen als die dortigen Unternehmen. Diese könnten Probleme bekommen, ihre Zinsverbindlichkeiten zu begleichen. Würde die Zinserhöhung jedoch Länder in eine Rezession ziehen, würde dies wieder auf die Unternehmen zurückfallen und zwar in ungewisser Stärke.

Vergleicht man die beiden Renditekurven der drei Unternehmen, werden die unterschiedlichen Renditeforderungen der Investoren nochmal deutlich. Bei der Überlegung, wie sich BMW, Continental und Bosch bei der Kapitalmarktfremdkapitalfinanzierung verhalten sollten, gilt nach Meinung des Autors für alle drei das gleiche: langfristig verschulden. Da die Zinsen historisch niedrig sind, sollten sich alle drei Unternehmen die günstigen Bedingungen zunutze machen, um langlaufende Anleihen mit festen Zinssätzen zu emittieren. Vor allem bei Bosch und BMW, deren aktuelle Renditekurven beinahe linear sind, lohnen sich Anleihen mit langen Laufzeiten. Bei Continental steigen die Renditeforderungen mit zunehmender Laufzeit stark an. An dieser Stelle wird nochmals angemerkt, dass die Kurve aus Bonds besteht, bei der der Bond mit der längsten Laufzeit eine Restlaufzeit von 2,8 Jahren hat. Somit nimmt die Plausibilität für das lange Ende ab. Bei Betrachtung der Kurve würden für Continental demnach mittel- und kurzfristige Anleihen in Frage kommen, um die hohen Renditeforderungen am langen Ende zu umgehen.

Würde das Zinsniveau heutzutage 3,5% betragen, müsste nach Meinung des Autors zum Teil anders vorgegangen werden. Da die Kurve von Bosch mit zunehmender Laufzeit flacher werden würde und die Renditen am langen Ende fast vollkommen an Steigung verlieren, sollte sich das Unternehmen folglich so langfristig wie möglich verschulden.[106] Bei BMW zeichnet sich ein ähnliches Bild ab. Die optimale Verschuldungsdauer dürfte hier im mittel- bis langfristigen Bereich liegen. BMW hätte

---

[106] Alles unter der Annahme, dass Unternehmen und Investoren mit diesem Zinsniveau für einen längeren Zeitraum rechnen. Wird eine weitere Zinsänderung (egal in welche Richtung) erwartet, sind die hier aufgeführten Gedanken hinfällig und müssten neu überdacht werden

demnach etwas mehr Handlungsspielraum als Bosch, da die Renditekurve schon früher anfängt abzuflachen. Zu beachten ist jedoch die Nettoverschuldung sowie der Nettoverschuldungsgrad des Unternehmens. Diese sind bei BMW aktuell mit Abstand am höchsten. Da BMW sich am aktivsten am Fremdkapitalmarkt bedient, dürften somit auch die Auswirkungen einer Zinserhöhung für dieses Unternehmen am deutlichsten zu spüren sein. Bei Continental würde sich in der neuen Situation ebenfalls der Handlungsspielraum vergrößern. Aktuell ist eine kurzfristige Verschuldung mit Abstand am billigsten. Die hypothetische Kurve hat aber deutlich weniger Steigung, obwohl das Zinsniveau größer ist. Dadurch hätte das Unternehmen die Möglichkeit, auch etwas längerfristige Bonds zu emittieren. Aktuell beträgt der Unterschied zwischen der ein- und der zehnjährigen Verschuldung 2,97 Prozentpunkte. In der Annahme würde dieser mit 2,09 Prozentpunkten um 0,87 Prozentpunkte geringer ausfallen. Weil sich die Renditekurven der drei Unternehmen gleich verschieben, gilt die Veränderung der Renditedifferenz auch für Bosch und BMW. Folglich flachen sich alle Kurven ab und für alle Unternehmen würden längere Laufzeiten attraktiver werden.

6 Schlussgedanke

In Deutschland kann jedes zweite Unternehmen aus dem operativen Gewinn die Schuldzinsen mehr als fünfmal bezahlen. Auf der anderen Seite verdienen 15% aller deutschen Unternehmen ihre Zinsen nicht. Würde sich der aktuelle Kapitalmarktzins verdoppeln, wäre jedes fünfte Unternehmen nicht mehr in der Lage, seine Zinsen selbst zu erwirtschaften.[107]

Dieser Artikel aus der *Frankfurter Allgemeine Zeitung* verdeutlicht die Problematik, die bei einer Zinserhöhung auf Unternehmen zukommen könnte. Nach Meinung des Autors wäre dieses Risiko bei den in dieser Arbeit vorgestellten Unternehmen BMW, Continental und Bosch überschaubar, was jedoch laut dieses Artikels nicht für alle Unternehmen gilt.

Demnach gibt es eine ganze Reihe von Unternehmen, die trotz der Niedrigzinspolitik und der starken Konjunktur der letzten Jahre ihre Hausaufgaben, sich finanziell gut aufzustellen, nicht gemacht haben.[108] Ob das neben den mehr oder weniger strauchelnden europäischen Peripherieländern ein Grund für die Zentralbank ist, die Zinsen nicht zu erhöhen, ist spekulativ. Aber wenn eine Zinserhöhung, ausgehend von einem 0%-Niveau, laut dieses Artikels 20% der deutschen Unternehmen in mehr oder weniger große Probleme stürzen würde, ist das bedenklich.

In dieser Arbeit sollte die Auswirkung des Zinsniveaus auf die Refinanzierungsbedingen der drei ausgewählten Unternehmen dargestellt werden. Auch wenn das hier verwendete Szenario nicht unbedingt eintreten muss, kann es zumindest einen Hinweis darauf geben, wie sich die Renditekurven entwickeln könnten. Es sollte jedoch hinterfragt werden, ob die allgemeine Tendenz zu einer höheren Verschuldung noch mit den dadurch entstehenden Risiken im Verhältnis steht. Das aktuelle Geschehen an den zum Teil stark überbewerteten Kapitalmärkten bringt Gefahren mit sich. Ob es sich hierbei um eine Blase handelt und ob diese durch eine Erhöhung der Zinsen zum Platzen gebracht werden könnte, kann jedoch heutzutage (noch) nicht gesagt werden.

---

[107] Vgl. *Giersberg, G.,* Der Zinsdruck, 2017, S. 26
[108] Vgl. *Giersberg, G.,* Der Zinsdruck, 2017, S. 26

Anhang: Schuldscheindarlehen

Bezüglich ihres wirtschaftlichen Hintergrundes und der Ausgestaltung (Kupon oder Restlaufzeit) sind Schuldscheindarlehen (SSD) Anleihen in vielen Punkten sehr ähnlich. Dennoch sind es keine Wertpapiere. Grundlegend ist ein SSD nach § 488 BGB ein Kredit, bei dem der Darlehensnehmer verpflichtet wird, dass ihm geliehene Geld bei Fälligkeit in voller Höhe zuzüglich eines vereinbarten Zinses zurückzuzahlen.[109] Für den ausgestellten Kredit erhält der Gläubiger eine vom Schuldner unterschriebene Urkunde, welche ihm als Sicherheit dient. Da auf der Urkunde der Name des Gläubigers festgehalten wird, handelt es sich bei Schuldscheinen um Namenspapiere. Besonders beliebt sind SSD bei Banken, Landesbanken, Sparkassen und Hypothekenbanken. Entscheidet sich ein Unternehmen einen Schuldschein zu begeben, erfolgt das über eine Bankenplatzierung. Das Kreditvolumen bei Schuldscheinen startet bei ca. 1 Million Euro mit gängigen Laufzeiten von 5 bis 15 Jahren.[110]

Vor- und Nachteile von Schuldscheindarlehen

Wie im nachfolgenden Abschnitt dargestellt wird, wurden SSDs in den letzten Jahren in Deutschland immer beliebter und der Markt für dieses Finanzierungsinstrument ist weiter stark am Wachsen. Da Schuldscheine in Struktur und Ausgestaltung der den Unternehmensanleihen sehr ähnlich sind, macht es durchaus Sinn, die Vor- und Nachteile von Schuldscheinen gegenüber klassischen Unternehmensanleihen zu betrachten.

Schuldscheindarlehen sind sehr flexibel in der Ausgestaltung. Spezifische Kundenwünsche können oft leichter erfüllt werden als bei Anleihen. Die Emission einer Anleihe rentiert sich aufgrund der hohen Kosten erst bei sehr hohen Emissionsbeträgen. Bei SSD lohnt sich die Emission schon bei kleineren Volumina. Dies bedeutet unter anderem geringere Kosten für den Emittenten. Außerdem können Schuldscheindarlehen auch problemlos von Unternehmen ohne Zugang zum Kapitalmarkt begeben werden und das Verfahren bis hin zur Emission ist bei Weitem nicht so zeitaufwändig wie bei einer Anleiheemission. Beim Emittenten werden emittierte SSD als Kredit zu den jeweiligen Anschaffungskosten und nicht zu aktuellen

---

[109] Vgl. *Köhler, H.*, Bürgerliches Gesetzbuch, 2017, S. 116
[110] Vgl. *Wöhe, G./Döring, U./Brösel, G.*, Einführung in die Allgemeine Betriebswirtschaftslehre, 2016, S. 540; *Diwald, H.*, Anleihen verstehen, 2013, S. 428

Marktpreisen bilanziert, was zur Folge hat, dass bei Kursrückgängen keine Abschreibungen vorgenommen werden müssen.[111] Dagegen sind aus Investorensicht mangelnde Liquidität und Handelbarkeit die deutlichen Nachteile von SSD. Bei der Rückgabe eines SSD muss der Investor darauf hoffen, dass ihm der Emittent einen fairen Preis stellt. Außerdem ist die Übertragung von SSD aufwendiger als bei einer klassischen Unternehmensanleihe.[112]

Fasst man diese Vorteile zusammen fällt auf, dass SSD vor allem für mittelgroße Firmen, welche oftmals keinen oder nur erschwerten Zugang zum Kapitalmarkt haben, besonders in Frage kommen dürften. Geringere Kosten, höhere Flexibilität und die Möglichkeit, geringere Geldbeträge aufzunehmen sind dabei die ausschlaggebenden Aspekte. Die hier aufgeführten Nachteile von SSD sind zum Großteil für den Investor und weniger für das Unternehmen relevant. Die Nachfrage nach Schuldscheinen kommt häufig von institutionellen Investoren, zu denen die emittierende Bank Kontakt pflegt. Dadurch erscheint auch der nicht vorhandene Sekundärmarkt für das emittierende Unternehmen nicht von allzu großer Bedeutung zu sein.

Entwicklung in den letzten Jahren

Schuldscheine liegen im Trend. Schon das Jahr 2016 wurde von den Experten der Landesbank Baden-Württemberg (LBBW) zum Rekordjahr deklariert. Rund 28 Milliarden Euro wurden demnach an Schuldscheinen emittiert.[113] Das ursprünglich in der Finanzierung von mittelständischen Unternehmen beliebte Finanzierungsinstrument überzeugt mittlerweile auch Großkonzerne. Unter anderem griffen schon Fresenius oder Lufthansa auf diese Finanzierungsform zurück.[114] Auch wenn 2016 damit bis heute das mit Abstand stärkste Jahr am Schuldscheinmarkt war, setzt sich der positive Trend fort. Die Bayerische Landesbank erwartet für das Jahr 2017 ein Emissionsvolumen von rund 20 Milliarden Euro. In der Grafik der Bruttoneuemissionsvolumina ist somit ab dem Jahr 2014 ein anhaltendes Wachstum zu erkennen. Vor allem der Trend zu größeren Emissionen (im Jahr 2016 wiesen 31 Emissionen ein Volumen von min. 300 Millionen Euro auf) unterstützt diese positive Marktentwicklung.[115]

---

[111] Vgl. *Perridon, L./Rathgeber, A. W./Steiner, M.*, Finanzwirtschaft der Unternehmung, 2017, S. 478-481; Diwald, H., Anleihen verstehen, 2013, S. 429
[112] Vgl. *Diwald, H.*, Anleihen verstehen, 2013, S. 429
[113] Betrachtet werden die Zahlen im Unternehmenssektor, ohne öffentliche Verschuldung
[114] Vgl. *Kögler, A.*, Überflieger Schuldschein, 2017, S. 1
[115] Vgl. *Bayerische Landesbank / BayernLB Research*, Fixed Income Spezial, 2017, S. 1-2

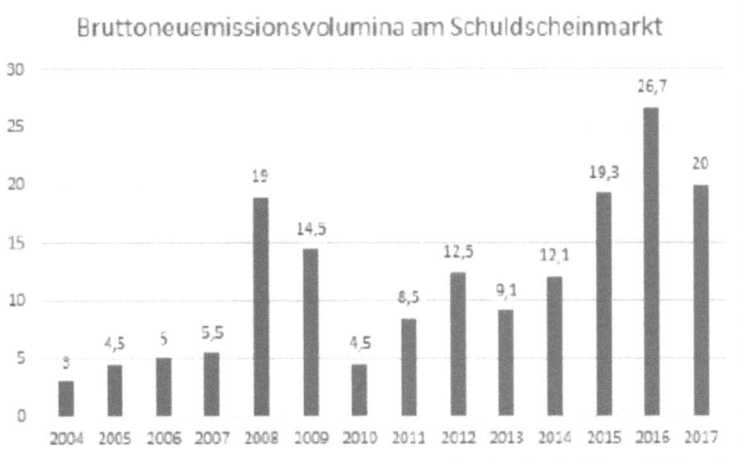

Abbildung 26, Bruttoneuemissionsvolumina am Schuldscheinmarkt
2017: Prognose BayernLB für das Gesamtjahr
Quelle: Eigene Darstellung in Anlehnung an: BayernLB Syndication, BayernLB DCM Origination,, BayernLB Research, Thomson Reuters

Damit verstärkt sich der Eindruck, dass Schuldscheine für die Unternehmen eine ernsthafte Alternative für Unternehmensanleihen sind. Begünstigt durch geringe Renditen vor allem im Investment Grade-Bereich[116] und des dadurch steigenden Angebots, verschieben sich die Kräfteverhältnisse zwischen Investoren und Emittenten immer weiter in Richtung der Emittenten. Die hohe Nachfrage sorgte im vergangenen Jahr für häufige Überzeichnungen. So lag das endgültige Emissionsvolumen bei fast allen Emittenten über dem ursprünglichen Zielvolumen.[117]

---

[116] Die Bonitätsnote dieser Unternehmen liegt mindestens bei BBB- (Rating nach Standard & Poor's und Fitch); siehe Kapitel 3.4.4 (Rating)
[117] Vgl. *Bayerische Landesbank / BayernLB Research*, Fixed Income Spezial, 2017, S. 5

Literaturverzeichnis

Asmussen, Jörg (Die Rolle der Europäischen Zentralbank in der Europäischen Schuldenkrise): Die Rolle der Europäischen Zentralbank in der Europäischen Schuldenkrise, https://www.ecb.europa.eu/press/key/date/2013/html/sp130318_1.de.html (Zugriff: 2017-11-14)

Bayerische Landesbank / BayernLB Research (Fixed Income Spezial, 2017): Fixed Income Spezial: Schuldscheinmarkt-Update (2017), https://www.bayernlb.de/internet/media/de/ir/.../FI_Spezial_SSD_2016_2017.pdf (Zugriff: 2017-10-12)

— (Megatrend Niedrigzins und Verschuldung, 2017): Megatrend Niedrigzins und Verschuldung: Der Tag nach QE: Der EZB-Exit und die Marktfolgen, München, 11.07.2017, https://www.bayernlb.de/internet/media/ir/downloads_1/bayernlb_research/multiasset_produkte/Megatrend_Niedrigzins.pdf (Zugriff: 2017-11-20)

Beike, Rolf/Schlütz, Johannes (Finanznachrichten lesen - verstehen - nutzen, 2010): Finanznachrichten lesen - verstehen - nutzen: Ein Wegweiser durch Kursnotierungen und Marktberichte ; [jetzt neu: Extra-Kapitel "Rohstoffe"], 5., überarb. und erw. Aufl., Stuttgart: Schäffer-Poeschel, 2010

Bendel, Daniel/Demary, Markus/Voigtländer, Michael (Entwicklung der Unternehmensfinanzierung in Deutschland, 2016): Entwicklung der Unternehmensfinanzierung in Deutschland (2016), https://www.iwkoeln.de/_storage/asset/272715/storage/master/file/9400137/download/IW-Trends_2016-01-03_Bendel-Demary-Voigtl%C3%A4nder.pdf. (Zugriff: 2017-10-09)

Bösch, Martin (Finanzwirtschaft, 2016): Finanzwirtschaft: Investition, Finanzierung, Finanzmärkte und Steuerung, 3., aktualisierte und erweiterte Auflage, München: Franz Vahlen, 2016

Breuer, Wolfgang (Finanzierung): Finanzierung, http://wirtschaftslexikon.gabler.de/Archiv/476/finanzierung-v11.html

Burda, Michael C./Wyplosz, Charles (Macroeconomics, 2017): Macroeconomics: A European text, Seventh edition, Oxford: Oxford University Press, 2017

Büschgen, Hans Egon (Das kleine Bank-Lexikon, 1997): Das kleine Bank-Lexikon, 2., aktualisierte Aufl., Düsseldorf: Verl. Wirtschaft und Finanzen, 1997

Deutsche Bundesbank (Geschäftsbericht 2008, 2008): Geschäftsbericht 2008 (2008), https://www.bundesbank.de/Redaktion/DE/Downloads/Veroeffentlichungen/Geschaeftsberichte/2008_geschaeftsbericht.pdf?_blob=publicationFile (Zugriff: 2017-11-14)

— (Geschäftsbericht 2009, 2009): Geschäftsbericht 2009 (2009), https://www.bundesbank.de/Redaktion/DE/Downloads/Veroeffentlichungen/Geschaeftsberichte/2009_geschaeftsbericht.pdf?_blob=publicationFile (Zugriff: 2017-11-14)

— (Finanzstabilitätsbericht 2014, 2014): Finanzstabilitätsbericht 2014 (2014), https://www.bundesbank.de/Redaktion/DE/Downloads/Veroeffentlichungen/Finanzstabilitaetsberichte/2014_finanzstabilitaetsbericht.pdf?_blob=publicationFile (Zugriff: 2017-11-25)

— (Hrsg.) (Kapitalmarktstatistik September 2017, 2017): Kapitalmarktstatistik September 2017: Statistisches Beiheft 2 zum Monatsbericht (2017), www.bundesbank.de

— (Hrsg.) (Outright-Geschäfte, 2017): Outright-Geschäfte, https://www.bundesbank.de/Redaktion/DE/Dossier/Aufgaben/outright_geschaefte.html?notFirst=true&docId=335224 (Zugriff: 2017-12-28)

— (Hrsg.) (Monatsbericht - Juli 2017, 2017): Monatsbericht - Juli 2017, https://www.bundesbank.de/Redaktion/DE/Downloads/Veroeffentlichungen/Monatsberichte/2017/2017_07_monatsbericht.html (Zugriff: 2017-10-23)

Diwald, Hans (Anleihen verstehen, 2013): Anleihen verstehen: Grundlagen verzinslicher Wertpapiere und weiterführende Produkte, v.50931, München: C.H. Beck, 2013

Dörschell, Andreas u. a. (Der Kapitalisierungszinssatz in der Unternehmensbewertung, 2012): Der Kapitalisierungszinssatz in der Unternehmensbewertung: Praxisgerechte Ableitung unter Verwendung von Kapitalmarktdaten, 2., überarb. und erw. Aufl., Düsseldorf: IDW-Verl. IVC Independent Valuation & Consulting, 2012

Drukarczyk, Jochen/Lobe, Sebastian (Finanzierung, 2015): Finanzierung: Eine Einführung unter deutschen Rahmenbedingungen, Bd. 8578, 11., völlig neu bearb. Aufl., Konstanz: UVK-Verl.-Ges, 2015

Eller, Roland (Hrsg.) (Handbuch europäische Bondmärkte, 2007): Handbuch europäische Bondmärkte, Weinheim: WILEY-VCH, 2007

EZB (Statistics Pocket Book, 2014): Statistics Pocket Book (September 2014), https://www.ecb.europa.eu/pub/spb/html/index.en.html (Zugriff: 2017-10-19)

Fehr, Mark (EZB-Anleihekäufe: "Die größte Blase in der Geschichte der Menschheit", 2017): EZB-Anleihekäufe: "Die größte Blase in der Geschichte der Menschheit" (07.12.2017), http://www.wiwo.de/finanzen/boerse/ezb-anleihekaeufe-die-groesste-blase-in-der-geschichte-der-menschheit/20677414.html (Zugriff: 2017-12-07)

Giersberg, Georg (Der Zinsdruck, 2017): Der Zinsdruck, in: Frankfurter Allgemeine Zeitung 13.12.2017, Heft 289

Habersack, Mathias/Mülbert, Peter/Schlitt, Michael (Hrsg.) (Hrsg.) (Unternehmensfinanzierung am Kapitalmarkt, 2008): Unternehmensfinanzierung am Kapitalmarkt, 2., neu bearb. und erw. Aufl., Köln: O. Schmidt, 2008

Handelsblatt (Hrsg.) (Verzicht auf Bonitätsnote: Rating? Unternehmen sagen Nein danke!, 2010): Verzicht auf Bonitätsnote: Rating? Unternehmen sagen Nein danke! (24.08.2010), http://www.handelsblatt.com/unternehmen/mittelstand/verzicht-auf-bonitaetsnote-rating-unternehmen-sagen-nein-danke/3522482.html (Zugriff: 2017-10-23)

Hartwig-Jacob, Mauricio (Die Vertragsbeziehungen und die Rechte der Anleger bei internationalen Anleiheemissionen, 2001): Die Vertragsbeziehungen und die Rechte der Anleger bei internationalen Anleiheemissionen, Zugl.: Köln, Univ., Diss., 1999, Bd. 14, München: Beck, 2001

Hasler, Peter Thilo (Unternehmensanleihen, 2014): Unternehmensanleihen: [hohe Rendite und Risiko perfekt im Griff], München: FBV, 2014

Hull, John (Optionen, Futures und andere Derivate, 2012): Optionen, Futures und andere Derivate, 8. Aufl., München: Pearson, 2012

Hutter, Stephan (Anleihen, 2008): Anleihen, in: *Mathias Habersack/Peter Mülbert/Michael (Hrsg.) Schlitt* (Hrsg.), Unternehmensfinanzierung am Kapitalmarkt, 2008, S. 432–467

ICE Dataservices (Hrsg.) (ICE BofAML Global Bond Index Rules, 2017): ICE BofAML Global Bond Index Rules: ICE BofAML Euro High Yield Index (HE00), http://www.mlindex.ml.com/gispublic/bin/get-doc.asp?fn=HE00&source=indexrules (Zugriff: 2017-10-30)

IHS Markit Ltd. (Hrsg.) (Markit iBoxx EUR Benchmark Index Guide, 2017): Markit iBoxx EUR Benchmark Index Guide, http://content.markit-cdn.com/corporate/Company/Files/DownloadFiles?CMSID=910be37be7154e13bbb18aa81e801e90

Investor Words (Hrsg.) (What is the Asset-swap Spread? definition and meaning): What is the Asset-swap Spread? definition and meaning, http://www.investorwords.com/6991/asset_swap_spread.html (Zugriff: 2017-11-10)

Knüfermann, Markus (Märkte der langfristigen Fremdfinanzierung, 2016): Märkte der langfristigen Fremdfinanzierung: Möglichkeiten für die Wohnungs- und Immobilienwirtschaft, 2. Auflage, Wiesbaden: Springer Gabler, 2016

Kögler, Antonia (Überflieger Schuldschein, 2017): Überflieger Schuldschein, in: Markt und Mittelstand 2017, Heft 3, S. 50, https://www.wiso-net.de/document/MAMI__mum_031703029 (Zugriff: 2017-10-16)

Köhler, Helmut (Hrsg.) (Bürgerliches Gesetzbuch, 2017): Bürgerliches Gesetzbuch: Mit BGB-Informationspflichten-Verordnung, Allgemeinem Gleichbehandlungsgesetz, Produkthaftungsgesetz, Unterlassungsklagengesetz, Wohnungseigentumsgesetz, Beurkundungsgesetz, Lebenspartnerschaftsgesetz und Erbbaurechtsgesetz : Textausgabe mit ausführlichem Sachverzeichnis und einer Einführung, Bd. 5001, 80., überarbeitete Auflage, Stand: 3. Juli 2017, Sonderausgabe, München/München: dtv; C.H. Beck, 2017

Krumnow, Jürgen/Gramlich, Ludwig (Hrsg.) (Gabler Bank-Lexikon, 2000): Gabler Bank-Lexikon: [Bank - Börse - Finanzierung], 12., vollst. überarb. und aktualisierte Aufl., Wiesbaden: Gabler, 2000

Kühn, Christof (Fachbegriffe Wertpapiere und Börse, 2007): Fachbegriffe Wertpapiere und Börse, 2. Aufl., Stuttgart: Dt. Sparkassen-Verl, 2007

Kupon und Rendite - BondGuide (Kupon und Rendite - BondGuide), http://www.bondguide.de/grundlagen/kupon-und-rendite/ (Zugriff: 2017-10-19)

Markit iTraxx Europe Series 28 Rulebook (Markit iTraxx Europe Series 28 Rulebook, 2017) (2017), http://www.markit.com/NewsInformation/GetNews/ITraxx (Zugriff: 2017-11-09)

Martin, Marcus R. W./Reitz, Stefan/Wehn, Carsten S. (Hrsg.) (Kreditderivate und Kreditrisikomodelle, 2006): Kreditderivate und Kreditrisikomodelle: Eine mathematische Einführung, Wiesbaden: Friedr. Vieweg & Sohn Verlag | GWV Fachverlage GmbH, 2006

Perridon, Louis/Rathgeber, Andreas W./Steiner, Manfred (Finanzwirtschaft der Unternehmung, 2017): Finanzwirtschaft der Unternehmung, 17., überarbeitete und erweiterte Auflage, Munchen, Germany: Verlag Franz Vahlen, 2017

Petersen, Mitchell A./Rajan, Raghuram G. (The Effect of Credit Market Competition on Lending Relationships, 1994): The Effect of Credit Market Competition on Lending Relationships, 1994, http://www.nber.org/papers/w4921.pdf (Zugriff: 2017-10-10)

Reichling, Peter/Beinert, Claudia/Henne, Antje (Praxishandbuch Finanzierung, 2005): Praxishandbuch Finanzierung, Wiesbaden: Gabler Verlag, 2005

Ruckriegel, Karlheinz (Das Verhalten der EZB während der Finanzmarktkrise(n), 2011): Das Verhalten der EZB während der Finanzmarktkrise(n) (2011), https://archiv.wirtschaftsdienst.eu/jahr/2011/2/das-verhalten-der-ezb-waehrend-der-finanzmarktkrisen/search/Das+Verhalten+der+EZB/0/ (Zugriff: 2017-11-14)

Rühlmann, Barbara (Anleiheemission aus Sicht der Investmentbank, 2008): Anleiheemission aus Sicht der Investmentbank, in: *Mathias Habersack/Peter Mülbert/Michael (Hrsg.) Schlitt* (Hrsg.), Unternehmensfinanzierung am Kapitalmarkt, 2008, S. 417–428

Sachverständigenrat (Jahresgutachten 2015/2016 Risiken durch Niedrigzinsen, Chancen durch die Kapitalmarktunion, 2016): Jahresgutachten 2015/2016 Risiken durch Niedrigzinsen, Chancen durch die Kapitalmarktunion, Jahresgutachen 2015/2016, 2016, https://www.sachverstaendigenrat-wirtschaft.de/fileadmin/dateiablage/gutachten/jg201516/wirtschafts-gutachten/jg15_05.pdf

— (Jahresgutachten 2017/2018; Für eine zukunftsorientierte Wirtschaftspolitik, 2017): Jahresgutachten 2017/2018; Für eine zukunftsorientierte Wirtschaftspolitik, 2017, https://www.sachverstaendigenrat-wirtschaft.de/fileadmin/dateiablage/gutachten/jg201718/JG2017-18_gesamt_Website.pdf (Zugriff: 2017-11-20)

Schlecker, Matthias (Credit spreads, 2009): Credit spreads: Einflussfaktoren, Berechnung und langfristige Gleichgewichtsmodellierung, Zugl.: Berlin, Europ.-Wirtschaftshochsch., Diss., 2009, Bd. 66, Lohmar: Eul, 2009

Siebel, Ulf R. (Rechtsfragen internationaler Anleihen, 1997): Rechtsfragen internationaler Anleihen, Zugl.: Mainz, Univ., Habil.-Schr., 1997, Berlin: Duncker und Humblot, 1997

Spremann, Klaus/Gantenbein, Pascal (Zinsen, Anleihen, Kredite, 2009): Zinsen, Anleihen, Kredite, 4., korr. und erw. Aufl., München: Oldenbourg, 2009

Steiner, Manfred/Bruns, Christoph (Wertpapiermanagement, 2000): Wertpapiermanagement, 7., überab. und erw. Aufl., Stuttgart: Schäffer-Poeschel, 2000

Thommen, Jean-Paul u. a. (Allgemeine Betriebswirtschaftslehre, 2017): Allgemeine Betriebswirtschaftslehre: Umfassende Einführung aus managementorientierter Sicht, 8., vollständig überarbeitete Auflage, Wiesbaden: Springer Gabler, 2017

Weidmann, Otto/Saffenreuther, Jens (Gabler Wirtschaftslexikon, Stichwort: Pfandbrief): Gabler Wirtschaftslexikon, Stichwort: Pfandbrief, http://wirtschaftslexikon.gabler.de/Archiv/2084/pfandbrief-v10.html (Zugriff: 2017-10-22)

Welfens, Paul J.J. (Transatlantische Bankenkrise, 2009): Transatlantische Bankenkrise, Stuttgart: Lucius & Lucius Verlagsgesellschaft mbH, 2009

Wermuth, Nanny/Streit, Reinhold (Einführung in statistische Analysen, 2007): Einführung in statistische Analysen: Fragen beantworten mit Hilfe von Daten, Berlin, Heidelberg: Springer-Verlag Berlin Heidelberg, 2007

Wöhe, Günter u. a. (Grundzüge der Unternehmensfinanzierung, 2013): Grundzüge der Unternehmensfinanzierung, 11., überarbeitete Auflage, München: Verlag Franz Vahlen, 2013

Wöhe, Günter/Döring, Ulrich/Brösel, Gerrit (Einführung in die Allgemeine Betriebswirtschaftslehre, 2016): Einführung in die Allgemeine Betriebswirtschaftslehre, 26., überarbeitete und aktualisierte Auflage, München: Verlag Franz Vahlen, 2016

Zantow, Roger (Finanzierung, 2006): Finanzierung: Die Grundlagen modernen Finanzmanagements, [Nachdr.], München: Pearson Studium, 2006

Zengeler, Thomas (Corporate Bonds, 2007): Corporate Bonds, in: *Roland Eller* (Hrsg.), Handbuch europäische Bondmärkte, 2007

ZertifikateJournal (Teil 14: Der Itraxx, 2007): Teil 14: Der Itraxx (2007), http://www.morganstanleyiq.de/DE/pdf/downloads/105_Teil%2014%20iTraxx.pdf (Zugriff: 2017-11-09)